보호받는 청소년에서 정치하는 시민으로

선거 쫌 아는 10대

사회
쫌 아는
십 대
08

보호받는 청소년에서 정치하는 시민으로
선거 쫌 아는
10대

초판 1쇄 발행 2020년 3월 16일
초판 2쇄 발행 2020년 7월 15일

지은이 하승우
그린이 방상호
펴낸이 홍석
기획·책임편집 김재실
편집 홍순용
디자인 방상호
마케팅 홍성우·이가은·이송희
관리 김정선·정원경·최우리

펴낸곳 도서출판 풀빛
등록 1979년 3월 6일 제8-24호
주소 03762 서울특별시 서대문구 북아현로 11가길 12 3층
전화 02-363-5995(영업), 02-362-8900(편집)
팩스 02-393-3858
홈페이지 www.pulbit.co.kr
전자우편 inmun@pulbit.co.kr

ISBN 979-11-6172-765-3 44340
    979-11-6172-731-8 44080 (세트)

이 도서의 국립중앙도서관 출판예정도서목록(CIP)은 서지정보유통지원시스템
(http://seoji.nl.go.kr)과 국가자료종합목록 구축시스템(http://kolis-net.nl.go.kr)에서
이용하실 수 있습니다.(CIP제어번호 : CIP2020006610)

하승우 글
방상호 그림

보호받는 청소년에서 정치하는 시민으로

선거 쫌 아는 10대

풀빛

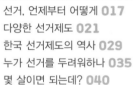

삼촌 어, 낭랑 18세, 오랜만. 방학도 끝나고 진짜 고3이네. 고생이 많다.

18세 조카(이하 '18세') 삼촌, 간만이야. 뭐 고3이 고2보다 힘들겠어. 이미 갈 곳은 정해졌다고들 말하지. 어느 대학에 갈 수 있나보단 대학을 가야 하나가 요즘 고민이야. 대학을 안 나오면 할 수 있는 게 적겠지만 대학을 다닌다고 뭐 할 일이 늘어나겠어.

삼촌 역시, 우리 핏줄이야. 현실을 잘 알잖아. 크크.

16세 조카(이하 '16세') 어, 누나. 오랜만이야.

18세 안녕. 너 요즘 삼촌이랑 굉장히 친하게 지내더라. 조심해, 위험인물이야. 나도 예전에 세뇌…

삼촌 잠깐, 너흰 사촌끼리 오랜만에 만나서 왜 그리 험악한 대화를 나누냐. 그리고 세뇌라니, 자각이지.

16세 맞다, 〈공직선거법〉이 바꿔어서❶ 누나는 이번에 투표할 수 있다며. 좋겠다. 투표권을 가지니 기분이 어때?

18세 삼촌한테 물어봐. 삼촌은 첫 투표를 할 때 기분이 어땠어?

삼촌 음, 찍을 사람이 없어서 힘들었지.

18세 들었지? 힘들었대. 그래도 만 18세로 선거연령이 낮아진 건 바람직한 일이라고 봐. 올해 4월 15일에 치러지는 제21대 국회의원선거에서는 선거일을 기준으로 만 18세가 되는, 즉 2002년 4월 16일 이전에 태어난 사람이 선거권을 가지게 돼. 그래서 이번에만 52만 명 정도로 추산되는 청소년이 선거권을 가지잖아. 좋은 일이라고 봐.

16세 그런데 누나, 신문을 보니까 이런 기사들이 많던데. '교실 안 선거운동 금지', '18세 선거 학교는 준비됐나', '선거교

---

❶ 2019년 12월 27일, 자유한국당이 국회 본회의를 저지하고 의장석을 점거하는 와중에 국회 의장은 국회 질서유지권을 발동해 〈공직선거법〉 개정안 수정안을 표결에 부쳤다. 이 법안은 자유한국당이 본회의장을 떠난 뒤에도 자리를 채운 의원 167명(국회 정원은 300명) 중 찬성 156명, 반대 10명, 기권 1명으로 가결되었다. 이 〈공직선거법〉 개정안은 선거제도에 준연동형 비례대표제를 도입하고 선거연령을 만 19세에서 만 18세로 낮추는 내용을 담았다.

육 혼란 우려'.

18세 야, 아직 시작도 안 했는데 금지하고 걱정하고 우려하고. 삼촌은 선거와 관련된 정치교육을 고등학교나 대학교에서 받은 적 있어?

삼촌 없지.

18세 봐라. 자기들도 교육을 안 받았으면서 왜 우리한테만 교육이 안 되어 있다니, 교실이 정치화된다니 난리야.

16세 그러게. 어른들은 왜 그럴까.

삼촌 이보게, 청소년들, 원래 기성세대는 변화가 두려운 법이라네. 〈공직선거법〉 개정이 논의되고 있을 때 한국교원단체총연합회(이하 한국교총)는 반대하는 성명서를 냈어. 내가 읽어 줄게. "교총은 그간 18세 선거법이 단순히 투표연령만 한 살 낮추는 게 아니라, 18세 고3에게 선거운동과 정당 가입 등 정치활동을 허용하고, 성인연령을 18세로 낮춰 소위 '18금' 보호막 해제까지 내포하고 있음을 누누이 강조해 왔다. 그 여파로 교실 정치장화가 우려되고, 고3 학생들이 선거사범이 될 수 있으며, 성인연령 하향에 따라 〈민법〉, 〈청소년보호법〉 등 여타 법령·제도와의 충돌로 혼란과 피해가 예견되므로 학교 선거장화 근절 대책과 학생 보호 대책 마련 등을 줄기차게 요구해 왔다."[2]

무슨 말인지 이해가 되니?

18세 아니, 이해가 안 되지. 맙소사, 18금 보호막이라니. 한국 교총의 성명서는 학생과 청소년을 여전히 보호의 대상으로만 보고 있잖아.

16세 맞아. 촛불집회 이런 데 나가면 청소년이 엄청 많은데. 사회를 바꾸는 불은 우리가 붙이는데, 그 방향을 정하는 투표장엔 들어가지 못하고. 이게 민주주의요?

삼촌 오늘은 두 명이니까 벌써 기가 막 빨리네. 맞아. 학교도 하나의 사회이고 학생들도 이미 다양한 정치활동을 하고 있지. 그리고 만 18세가 학생만 있겠니. 요즘은 학교를 다니지 않는 청소년도 많고. 그런데 다들 교실 타령만 하고. 다만 선거연령이 낮아진다는 게 어떤 의미인지, 이 성명서에 나오는 것처럼 그에 맞춰 어떤 법들이 개정되어야 하는지에 대한 논의는 필요해.

18세 교실 정치장화가 우려되면 학생들이 편향되지 않도록 다

---

[2] "'18세 선거법'(공직선거법 개정안) 내일 국회 표결 강행에 대한 성명"(2019.12.26). http://www.kfta.or.kr/page/pressView.do?menuSeq=170000000015&currPageIndex=1&seq=191226000000

양한 정치 정보를 알려 주면 되고, 고3 학생들이 선거법을 어기지 않도록 〈공직선거법〉을 잘 가르쳐 주면 되는 거 아냐? 세상은 바뀌는데 학교만 옛날 모습으로 있으면 그게 더 이상한 거 아냐?

삼촌 그렇지. 이제 학교도 변해야지. 또 다른 교원단체인 전국교직원노동조합(전교조)은 이런 성명서를 냈어. "우리나라 청소년들은 일제 식민통치에 맞서고 4.19 혁명을 주도했던 자랑찬 역사의 주인공이다. 또한 지금의 청소년들은 학교 이외에도 다양한 경로를 통해 정치를 접하고 직접 참여하는 새로운 세대이다. 스웨덴의 16세 청소년 그레타 툰베리는 세계 환경운동을 이끌고 있다. 핀란드의 30대 젊은 총리 역시 청소년기부터 자연스레 정치를 접하고 경력을 쌓을 수 있는 사회적 토대 위에 탄생할 수 있었다. 우리나라 청소년 역시 다양한 방법으로 정치에 참여하고 있으며, 촛불광장에 자발적으로 참여한 주체이기도 하다. 선거연령 하향은 이러한 시대적 변화에 발맞춘 것으로 국제적 보편기준과 세계적 추세에 따른 것이다."[3] 이건 이해가 되니?

18세 그렇지. 우리는 이미 정치에 참여하고 있는데 자꾸 정치를 나중에 하라는 게 말이 돼?

16세 맞아. 요즘 신문 보니 다른 나라에는 30대 정치인들이 수두룩하던데 한국은 맨날 어르신들만 나와.

18세 그 어르신들 대부분이 또 남자란다. 정치와 관련된 TV 토론회나 시사프로그램을 보라고. 거기도 진행자부터 패널까지 다 남자고 대부분이 40대 이상이야. 그러니 대화 내용도 뻔해. 너한테도 삼촌이 뉴스 보라고 했지. 그런데 나는 지겨워서 안 본다.

삼촌 워워, 맞아. 네 말이 맞는데, 선거라는 게 단순히 누구에게 한 표를 준다는 의미만 있는 건 아니거든. 성인들이 잘하고 있다는 게 아니라 한국 사회가 더 나아지려면 수준이 좀 달라져야 하지 않을까. 이미 정치화된 교실을 정치의 장이 아닌 것처럼 하지 말고, 교실이 정치화된다면 어떤 방향으로 정치화되는 게 좋을 거냐, 이런 논의가 필요하다는 거지.

18세 나도 공부가 필요하지 않다고 말하는 건 아냐. 자꾸 나중

---

❸ "18세 선거연령 하향을 환영한다"(2019.12.30).
https://www.eduhope.net/bbs/board.php?bo_table=maybbs_eduhope_4&wr_id=217662&menu_id=

에, 나중에, 하니까 좀 열 받는 거지.

16세 누나 성격은 여전하구나. 짱 멋있어.

삼촌 셋이 오랜만에 만났는데 수다나 좀 더 떨어 볼까.

1.
투표
그리고
선거

삼촌 선거는 언제부터 했을까?

16세 투표는 아주 옛날부터 했던 거 아냐? 고대 그리스 아테네의 민주주의, 이런 말이 있으니 아주 옛날이겠지.

삼촌 투표랑 선거랑 같은 말일까?

18세 동생아, 삼촌은 요즘도 이런 식으로 대화하니?

16세 그런 편이지. 자기가 소크라테스인 줄 아나 봐. 질문을 던지길 좋아해.

삼촌 둘이 되니 막말도 두 배구나. 어쨌거나 투표는 말 그대로 표시를 해서 어느 한 편을 지지하는 거고, 선거는 한 집단의 구성원들이 '일정한 절차'에 따라 특정한 자격을 갖춘 사람을 '자유롭게 선출'하는 거야. 같은 말 같지만 다른 말이지. 가령 합의된 절차 없이 무조건 투표를 한다면, 누군가의 강요로 투표를 한다면, 그건 선거는 아니란 말이지.

선거, 언제부터 어떻게

16세 그렇구나. 나는 투표랑 선거가 같은 말인 줄 알았지. 그러면 선거는 언제부터 한 거야?

삼촌 궁금하면 오백 원.

18세 삼촌은 여전히 유치하구나. 이 누나가 알려 줄 테니 잘 들어. 선거는 근대의 대의민주주의가 자리를 잡으면서 실시되었어.

16세 어, 그럼 고대 아테네 민주주의 때는 선거를 안 했다는 거야?

18세 아까 삼촌이 얘기했듯이 투표는 했지만 선거는 안 한 거 아냐? 자유롭게 선출하는 과정은 아니었잖아.

삼촌 아니지, 그때도 선거는 했지. 물론 고대 아테네인들이 가장 즐겨 쓴 방법은 추첨이었지만 선거도 했어. 700명 정도 되는 행정직 공무원 중 약 100명을 선거로 뽑았고 나머지는 추첨으로 뽑았어.

16세 잠깐. 추첨으로 공무원을 뽑는다고? 그럼 공부 안 해도 공무원이 되겠네.

삼촌 아쉽게도 임기가 1년이란다.

16세 에이, 그럼 그렇지.

삼촌 대신 선거로 뽑힌 공무원들은 다시 뽑힐 수 있고 임기 제한이 없었어. 능력에 따라 뽑힌 거니까. 30세 이상의 남성 시민은 누구라도 선거에 후보로 나설 수 있었지.

18세 그러니까 삼촌, 고대 아테네 사회는 계급사회였고 모든 사람이 시민은 아니었으니까 투표로 뽑아도 선거로 볼 수 없는 거 아니야? 여성, 노예, 외국인은 당시에 투표권이 없었잖아.

삼촌 오, 날카로운 질문. 그런데 그렇게 따지면 네가 말한 근대의 대의민주주의도 실제로는 선거가 아니야. 예를 들어, 미국에서 아프리카계 미국인이 실질적인 선거권을 가지게 된 건 1960년대 말에 흑인민권운동이 일어난 이후야. 유럽에서 여성이 선거권을 가지게 된 것도 20세기 들어와서고.

18세 그건 그렇지. 그럼 보통선거(모든 사람에게 투표권), 평등선거(1인 1표), 직접선거(시민이 직접 후보에게 투표), 비밀선거(누구에게 투표했는지는 비밀)라는 선거의 4원칙은 언제 만들어진 거야?

삼촌 누가 4원칙을 딱 만들었다 이렇게 얘기할 순 없고, 현대에 들어와서 그렇게 정리되었다고 볼 수 있지. 가령 미국의 대통령선거는 지금도 직접선거가 아니라 간접선거야. 미국 시민은 대통령 후보에게 직접 투표하지 않고 대통령을 뽑을 선거인단에 투표하거든. 그리고 여전히 돈으로 표를 매수하는 사례도 있고. 또 어떤 사람들은 비밀선거가 꼭 좋은 거냐고 묻기도 해. 누구에게 투표한 줄 모르니까 당선된 사람도 자기를 찍어 준 사람들에게 책임을 질 필요가 없다는 거지. 또 아까 고대 아테네 얘기할 때 나왔던 추첨이 더 민주적이라고 말하는 사람들도 있어. '추첨 민주주의'라고 하는데, 누구나 돌아가면서 공직을 맡으면 파벌이나 불평등이 사라지고 다양한 사람의 목소리가 반영된다는 의견이지.

16세 선거가 그냥 투표만 하면 되는 게 아니구나.

18세 그러게. 삼촌만 만나면 머리가 복잡해져. 그냥 선거만 실시하면 되는 게 아니라 누가 참여하고, 어떤 방식으로 선거를 실시하는가가 중요하겠네.

16세 그런데 한국에서 선거로 뽑히는 정치인들은 누구야?

삼촌 인터넷 검색 조금만 하면 되는 걸 질문하는구나. 그런데 아마 네 생각보다 많을걸.

16세 일단 대통령은 선거로 뽑는 거지.

삼촌 그렇지. 그런데 모든 나라에 대통령이 있을까?

16세 대통령이 없는 나라도 있어? 아, 총리나 수상이 있지. 일본도 아베 대통령이 아니라 총리지.

18세 영국도 대통령은 없고 총리가 있지. 그런데 영국에는 엘

리자베스 여왕도 있잖아.

삼촌 영국만 있을까. 스페인에도 있고, 모로코는 아직도 왕국이야. 입헌군주제라고 왕이 있는 나라들에서도 투표를 해. 그 형태가 조금씩 다르고. 우리는 대통령제, 의원내각제, 뭐 이런 것만 아는데 전 세계에는 매우 다양한 정치 형태들이 있단다.

16세 의원내각제가 총리(수상)를 두는 거지?

삼촌 그렇지. 그런데 의원내각제라고 대통령이 없는 건 아니야. 독일을 봐. 대통령도 있고 총리도 있어. 다만 의원내각제에선 나라를 운영할 권한을 대통령이 아니라 총리가 갖지. 그리고 그 총리는 시민이 직접 뽑는 게 아니라 의회에서 선출해. 한국은 대통령제라서 중앙정부의 경우 대통령선거(대선)와 국회의원을 뽑는 총선을 치르지.

다양한 선거제도

18세 맞다. 이번에 선거연령을 낮추는 것과 함께 통과된 법안에 선거제도가 있잖아. 연동형 비례대표제도, 준연동형 비례대표제도, 이런 건 뭐야? 엄청 복잡하다고 하던데.

삼촌 수학공식이랑 비슷한 거야. 그런데 연동형을 얘기하기 전에 비례대표제부터 얘기해야 하는데. 국회의원 선거제도에는 크게 지역구 선거와 비례대표 선거가 있어. 지역구 선거는 일정한 지역을 선거구로 정하고 그 지역에서 출마한 후보들 중에서 선출하는 선거이고, 비례대표 선거는 지역구 없이 정당에 투표하는 선거야. 지역구 선거는 소/중/대 선거구제가 있는데, 소선거구제는 1명의 국회의원을 뽑고, 중선거구제와 대선거구제는 2~5명을 뽑아. 대선거구제가 확대되면 비례대표 선거와 비슷해져. 한국은 지역구당 1명의 국회의원을 뽑는 소선거구제이고, 정당투표를 따로 해서 비례대표의원을 뽑는 혼합형이지. 그래서 투표를 할 때 투표용지를 두 장 받지. 하나는 지역구 후보 투표용, 다른 하나는 정당 투표용.

16세 아따, 굉장히 복잡하네.

18세 이 정도로 복잡하다고 하면 안 돼. 그래서 연동형 비례대표제도는 뭐야?

삼촌 연동형 비례대표제도를 채택하는 대표적인 나라가 독일, 뉴질랜드 등인데, 지역구 선거와 비례대표 선거를 연동시킨다는 얘기야. 정당의 득표율대로 의석을 나누는 제도이지. 지금 대한민국 국회 의석은 총 300석이야. 비례대표 선거로 생각해서 백분율로 나누면 정당득표율이 30퍼센트인 정당이 90석을 가져가는 방식이지. 연동형 비례대표제도는 A 정당의 정당득표율이 30퍼센트라면 그 정당의 전체 의석수를 90석으로 잡지만 지역구에서 90명 이상의 후보가 당선될 경우 비례대표 의석을 주지 않아. 반대로 지역구에서 90명 이하로 후보가 당선되면 그 차이만큼 비례대표 의석을 주는 제도야.

16세 그럼 지역구에서 95명이 당선되면 A당은 비례대표 의석을 1석도 못 가지는 거야?

삼촌 그렇지.

18세 만약 A당이 지역구에서 80명이 당선되면 나머지 10석을 비례대표 의석으로 받는 거고?

삼촌 당근.

18세 지금은 국회 내의 정당 수가 많지 않은데, 정당들의 수가 늘어나잖아. 그러면 이게 딱 안 맞을 것 같은데. 예를 들어 A당이 90석을 가져가야 하는데 지역구 당선자가 많아 100석을 가져가잖아. 그러면 나머지 정당들은 200석을 나눠 가져야 하는 것 아냐? 그리고 B당이나 C당도 그러면?

삼촌 그래서 완전 연동형 비례대표제도에서는 의석수가 계속 변해. 한국은 국회의원 정원이 300명으로 고정되어 있지만, 독일의 경우 연방의회 정원이 598명이어도 실제 의석수는 계속 변해. 제16대 연방의회(2005~2009년)의 경우 614석이었고, 제17대 연방의회는 622석, 제18대 연방의회는 630석이었어. 지금 제19대 연방의회 의원은 몇 명인 줄 아니?

16세 그거야 뭐, 검색을 해 보면… 보자. 헐, 709명이네.

삼촌 제19대 선거에서 111석의 초과의석이 만들어졌거든.

16세 대박, 한국 같았으면 난리가 났겠네. 일 안 하는 국회의원들 수만 늘린다고, 무슨 국회의원 정원이 고무줄처럼 늘어나냐고.

18세 그러게. 이 정도일 줄은 생각 못 했어. 외국은 제도가 참 유연하네. 그런데 한국은 이번에 준연동형 비례대표제도를 채택했다며.

삼촌 맞아. 한국은 국회 정원을 300석으로 고정시켰거든. 그 말은 독일처럼 정원이 늘어나지 않는다는 얘기이지. 그리고 총 300석 중에서 257석을 지역구 선거로, 43석을 비례대표제로 뽑되, 비례대표 43석 중 30석에 대해서만 연동률 50퍼센트를 적용하고 나머지 13석은 정당득표율대로 나누기로 한 거야. 예를 들어, A당이 30퍼센트의 정당득표율을 얻었는데 지역구 당선자가 90명이야. 그러면 A당은 연동률이 적용되는 30석에 대해서는 1석도 얻지 못하고 나머지 13석을 득표율에 따라 할당받아. B당은 10퍼센트의 정당득표율을 얻었는데 지역구 당선자가 10명이야. 그러면 연동형 비례대표제의 경우 20석을 받아야 하는데 연동률이 50퍼센트라 10석을 받는 거지. 그런데 다른 정당들의 정당득표율을 고려해야 하기 때문에 B당은 10석보다 적게 받을 수도 있어.

16세 아이고, 복잡해.

삼촌 복잡하지. 각 정당의 이해관계를 조정하다 보니 선거제도 개혁안이 모호해졌어. 그래도 30석에 대해서는 연동률이 적용되니까, 3퍼센트 봉쇄조항(정당득표율 3퍼센트 미만 정당에는 비례대표 의석이 배분되지 않는다)을 넘어선 정당들은 지역구 당선자가 없어도 3~4석을 얻을 수 있어. 왜냐하면 3퍼센트면 9석인데 연동률 50퍼센트라 4.5석, 다른 정당들의 득표로 의석이 조정되면 더 낮아질 수 있거든. 그래도 예전에는 3퍼센트를 넘어도 1~2석을 받았으니 조금 나아진 거지. 유권자의 표심이 국회 의석수로 반영된다는 점에서는 나아졌다고 봐. ❶

18세 연동형 비례대표제도를 실시하면 어떤 장점이 있어? 정원이 늘었다 줄었다 하면 혼란스러울 것 같은데.

삼촌 많은 나라에서 발생하는 고질적인 정치 문제가 뭐냐면 두 개의 큰 정당이 서로 번갈아 가며 집권하는 거야. 그러면 발생하기 쉬운 문제가 뭘까?

16세 그러게 누나. 번갈아 가며 집권하면 무슨 문제가 생길까?

18세 그거 있잖아. 사과박스.

16세 맞다. 기업인들이 사과박스에 돈을 넣어 정치인의 차 트렁크에 넣어 주는 거, 정경유착. 자기 정당을 꽉 잡고 있는 보스 정치인들에게 뇌물을 줘서 기업들이 원하는 법안을 다 통과시키는 거.

---

❶ 2020년 4월 15일에 치러진 제21대 국회의원선거에서 한국의 거대 양당은 자기 당 소속 비례후보를 내지 않고 비례후보만을 내는 '위성정당'을 따로 만드는 꼼수를 부렸다. 그 결과 연동률이 적용되는 30석을 미래한국당(미래통합당의 위성정당)이 12석, 더불어시민당(더불어민주당의 위성정당)이 11석, 정의당이 3석, 국민의당이 2석, 열린민주당이 2석을 나눠 가졌다. 그리고 나머지 비례의석 17석은 미래한국당 7석, 더불어시민당 6석, 정의당 2석, 국민의당 1석, 열린민주당 1석으로 분배되었다. 종합하면 미래한국당이 19석, 더불어시민당이 17석을 가져가서 거대 양당이 비례의석 총 47석 중 36석을 가져갔다. 소수정당의 원내 진입을 보장한다는 준연동형 비례대표제도의 취지가 거대 양당의 위성정당으로 망가진 셈이다.

18세 말 마라. 2002년 12월 19일에 치러진 제16대 대통령선거 때 한나라당 이회창 후보와 새천년민주당 노무현 후보가 접전을 벌여 노무현 후보가 48.9퍼센트의 득표율을 얻어 대통령으로 당선됐잖아. 그때 한나라당이 150억 원 현금을 가득 채운 트럭을 기업에서 받기도 했어. 일명 '차떼기 사건'이지. 당선 가능성이 높은 쪽에다 투자하면 기업들에 이익이니까. 양당제에서는 몇 명만 챙기면 되니 얼

마나 편하겠니.

16세 대박. 현금 트럭. 그거 탈취하면 인생역전이네.

삼촌 오오, 네가 그 사건을 어떻게 알아?

18세 선거를 해야 하니까 내가 좀 찾아봤지. 나 정치 아는 여자라고.

삼촌 연동형 비례대표제도를 실시하면 전체 득표율의 3~5퍼센트를 차지한 정당들도 의석을 받게 되고, 이런 식으로 다양한 정당이 국회로 들어가니 부패가 줄어들겠지. 어쨌거나 조금이라도 권력 분산이 되고 강한 권력이 견제를 받으니까.

그리고 또 다른 효과로 표심이 의석으로 반영되는 거야. 가령 지역구 선거에 세 명의 후보가 나와서 A 후보가 40퍼센트, B 후보가 35퍼센트, C 후보가 25퍼센트를 득표했다고 치자. 소선거구제이니 당연히 A 후보가 당선되겠지. 그런데 그 지역구에서 A 후보를 지지한 사람은 절반도 안 되는 40퍼센트이고, 나머지 60퍼센트의 표심은 선거 이후에 반영되지 않아. 이걸 사표(死票)라고 하는데, 민주주의라면 그러면 안 되는 거지.

그러다 보니 이른바 '사표심리'라는 것이 생겨. 한국에서

는 작은 정당을 지지하지만 당선이 안 될 것 같아서 안 찍

는 경우가 종종 있어. 그걸 사표심리라고 하거든. 연동형

비례대표제도로 바뀌면 투표가 의석수로 반영되니까 그

런 심리가 줄어들지.

16세 그러면 연동형 비례대표제도가 좋은 거네. 그런데 왜 그

걸 안 하는 거야?

18세 너는 한국 현대사 공부 안 하니?

16세 누나 입에서 공부라는 말이 나오니⋯ 거참.

삼촌 그래, 싸움은 너희 둘이서 해.

한국 선거제도의 역사

삼촌 자, 한국에서는 언제 첫 선거를 치렀을까?

18세 해방되고 난 뒤 제헌국회(대한민국 헌법을 제정했던 국회) 선

거가 첫 번째 선거 아닐까? 1948년 5월 10일에 치러진.

삼촌 맞아. 그때는 국회 정족수가 200명이었어. 1947년 8월에

구성된 남조선과도입법의원[2]이 만든 선출 방식은 지역구

하나당 한 명을 뽑는 소선거구제였지.

16세 남조선이라고 하니 북한방송 같은데. 그때는 비례대표가

없었구나.

삼촌 그때는 비례대표보다 특별선거구제도가 논란이었어. 당시 선거구는 행정구역에 따라 편성되었는데, 북한에서 남한으로 이주한 월남민들이 북한 전 지역을 선거구로 하는 특별선거구를 요구했거든. 하지만 미군정이 막판에 이를 거부해서 사라졌어.

18세 그건 좀 이상한데. 월남을 했더라도 자기 지역에서 출마하면 상관없는 거 아냐?

삼촌 꼭 그렇지는 않지. 월남한 사람들이 뿔뿔이 흩어져 있고 다수가 아니니 어떤 지역에서건 자신들의 이해관계를 대변할 정치인을 만들 수 없었던 거야. 대의민주주의는 자신을 대변할 정치인을 선택할 수 있어야 하는데, 월남민들에겐 그런 기회가 없었으니까. 그래서 1950년 5월 30일에 치러진 제2대 총선 때에도 특별선거구 얘기가 나와. 결국엔 채택이 안 되었지만. 별것 아닌 것 같아도 민주주의에선 이런 게 굉장히 중요해.

---

❷ 1946년 8월 24일에 미군정이 조선의 법령 초안을 마련하기 위해 설치한 기구. 1946년 10월 21일부터 31일까지 민선의원 45명을 간접선거로 선출했고, 45명을 주한미군사령관 하지가 임명했다. 한국 최초의 근대적인 대의기구라 볼 수 있지만 미군정의 지배를 받았기에 완전한 자치기구라 보기 어렵고 제헌국회를 최초의 근대적인 대의기구라 볼 수 있다.

16세 선거구를 정하는 것도 쉬운 문제가 아니구나.

삼촌 그렇지. 인구가 늘면서 지역구 기준도 계속 바뀌었어. 처음에는 인구 10만 명을 전후로 1명을 뽑았는데, 지금은 인구가 계속 늘어나서 30만 명을 전후로 1명을 뽑는 선거구거든.

18세 그럼 그 이후에 계속 지역구 선거 방식이었던 거야? 비례대표 선거는 없었어?

삼촌 비례대표제도라는 말은 2000년 4월 13일에 치러진 제16대 총선부터 썼지만, 1963년 11월 26일 제6대 총선이 실시될 때 지역구의원과 함께 전국구의원제도가 도입돼. 이게 비례대표 선거라고 볼 수 있지. 전국구 의석은 지역구 선거에서 3석 이상, 전국득표율 5퍼센트 이상을 얻은 정당들이 득표율에 따라 나눠 가졌고, 제1당의 전국구 의석이 전체 전국구 의석의 3분의 2를 초과하지 못하도록 했어. 나름 정당정치를 활성화한다는 명목으로 무소속 후보는 총선에 출마하지도 못했어. 지역구의원 131명과 전국구의원 44명, 총 175명이 국회 정원이었어.

16세 그럼 지금처럼 한 명이 표를 두 장 찍은 거야?

삼촌 아니, 그때는 1인 1표. 지역구 후보에게 투표하면 그 표

대한민국 국회의원 선거제도 변화

김용호·장성훈, "대한민국 선거제도 변천사: 지속과 변화에 대한 고찰",
《현대사광장》제10호, 2017년 12월, 14~16쪽 참조.

대별	선거일	방식	전체의석수	기타
1	1948.05.10.	지역구(소선거구제, 1구 1인), 단순다수 대표제	200	무소속 출마 허용
2	1950.05.30.		210	
3	1954.05.20.		203	
4	1958.05.02.		233	
5	1960.07.29.	양원제: 민의원–소선거구제(1구 1인), 참의원–대선거구제(1구 2~8인)	민의원:참의원=233:58	–무소속 출마 허용 –부재자우편투표제도 도입
6	1963.11.26.	소선거구제(1구 1인제, 전체의석 3/4)+ 전국구제	175(지역구:전국구= 131:44)	무소속 출마 금지
7	1967.06.08.		〃	
8	1971.05.25.		203(지역구:전국구=152:51)	
9	1973.02.27.	중선거구제(1구 2인, 전체의석 2/3)+ 통일주체국민회의 간선* –지역구는 단순다수제, 집권세력은 간접선거를 통해 전체의석 1/3 보장	219(지역구:간선=146:73)	무소속 입후보 허용
10	1978.12.12.		231(지역구:간선=154:77)	
11	1981.03.25.	중선거구제(1구 2인, 전체의석 2/3)+ 전국구제	276(지역구:전국구=184:92)	
12	1985.02.12.		〃	
13	1988.04.26.	소선거구제(1구 1인)+전국구제(전체의 석수 중 지역구를 뺀 수)**	299(지역구:전국구=224:75)	무소속 출마 허용
14	1992.03.24.		299(지역구:전국구=237:62)	
15	1996.04.11.		299(지역구:전국구=253:46)	
16	2000.04.13.	소선거구제(1구 1인)+비례대표제(전체 의석수 중 지역구를 뺀 수)	273(지역구:비례대표=227:46)	후보자 전과기록 공개
17	2004.04.15.	소선거구제(1구 1인)+비례대표제(전체 의석수 중 지역구를 뺀 수) –지역선거와 정당투표를 분리한 1인 2 표제 도입 –각 시도의 지역구 국회의원 정수는 최소 3인	299(지역구:비례대표=243:56)	정당연설회 및 합동 연설회 폐지
18	2008.04.09.		299(지역구:비례대표=245:54)	
19	2012.04.11.		300(지역구:비례대표=246:54)	재외선거제도 도입
20	2016.04.14.		300(지역구:비례대표=253:47)	

*간접선거는 대통령이 후보자 추천 후 통일주체국민회의에서 선출
**제13대 선거에서 전국구의원 정수는 지역구의원 정수의 1/3

로 전국득표율을 계산했어.

18세 그럼 44석을 전국구 의석으로 정한 기준은 뭐야?

삼촌 그 기준이란 게 숫자로는 명확하지 않아. 당시 지역구 선거구를 233개에서 131개로 대폭 줄였고, 지역구의원은 전체 의석의 4분의 3, 전국구의원은 전체 의석의 4분의 1, 이런 비율로 정해졌으니까.

18세 국회 의석수를 정하는 데 특별한 계산법이 있는 건 아니구나. 그때그때 정치인들이 합의하는 식이네.

삼촌 또 하나 선거와 관련해 굉장히 중요한 합의가 '선거구획정'이라고 해서 선거를 치르기 전에 인구 변화에 따라 선거구를 조정하는 거야.

18세 전면 비례대표제도가 아닌 연동형 비례대표제도에서는 지역구 선거가 있으니까 선거구가 여전히 중요하겠구나.

삼촌 그런 셈이지. 정치인들이 결정하니까 당시 사회 여론도 중요하고. 자신에게 유리한 지역을 지역구로 만들려고 정치인들이 선거구를 조작하기도 해.

어쨌거나 지금의 비례대표제도는 2000년 제16대 총선부터 도입되었어. 기존의 전국구의원을 비례대표의원으로 전환한 거지. 그러면서 당시 국회 의석 총 273석 중에 46

석을 비례대표로 채웠어. 비례대표 의석을 정당득표율에 따라 나눴는데, 지역구에서 5명 이상 당선되거나 전국득표율이 3퍼센트 이상인 정당들이 비례대표 의석을 받았어. 다른 정당들의 득표율과 상관없이 전국득표율 3퍼센트 이상인 정당은 최소 1석을 보장받았고.

16세 누나는 골치 아프겠다. 이런 걸 다 고려해야 하잖아.

18세 야, 너도 2년 뒤면 할 거잖아. 공부해. 참, 그런데 이렇게 지역구와 비례대표를 나누면 원래 취지가 사라지는 거 아냐? 아까 삼촌 이야기대로라면 비례대표제도의 취지는 다양한 정치세력이 국회로 들어갈 수 있도록 보장하는 거잖아. 말 그대로 표심이 곧바로 국회 의석수로 반영되고 사표심리도 사라져야 하고. 특히 봉쇄조항은 문제 아냐?

16세 누나, 완전 똑똑해.

삼촌 그러게. 너도 좀 배워라. 물론 그렇지. 그런데 독일의 경우도 5퍼센트를 넘어야 비례대표 의석을 받을 수 있어. 왜 그럴까? 다양한 정치세력이 등장하는 건 좋은데, 나치즘처럼 극단적인 이념을 가진 정당의 등장을 막아야 하거든. 대신에 독일은 누구라도 쉽게 정당을 만들어 선거 때 등록할 수 있도록 해서 자기 이념과 신념을 선거에서 평가받도록 해. 반면 한국은 봉쇄조항이 3퍼센트이지만 정당을 만드는 걸 매우 어렵게 해 두고 선거비용을 많이 쓰게 해서 새로운 정치세력의 등장을 막지. 그리고 종교나 이념으로 이미 조직화된 세력에게는 3퍼센트만 넘으면 되니까 유리하지. 그러니까 이번에 선거권을 얻은 청소년들의 선택이 중요해.

18세 당연히 그렇지. 어렵게 얻은 나의 소중한 선거권을 잘 행사해야지.

16세 잠깐, 누나랑 삼촌 얘기를 듣다 보니 좀 궁금한데. 자꾸 공부하라고만 하지 말고, 한국의 정치와 관련된 법들은 왜 이렇게 복잡한 거야?

누가 선거를 두려워하나

삼촌 거기에도 다 역사가 있지. 지금은 민주화된 세상이라고 하지만 한국 현대사에는 어두운 그늘이 많았어. 너희들 '막걸리 선거', '고무신 선거'라고 들어 봤어?

16세 막걸리, 고무신이라는 말부터가 너무 올드한데.

18세 후보자들이 유권자들에게 술을 사고 선물을 돌려서 표를 얻는 부정선거를 가리키던 말 아냐?

삼촌 빙고, 맞아. 광복과 더불어 남녀 구별 없이 모든 성인이
투표권을 가졌다는 점에서 한국은 빨리 보통선거를 시작
한 셈이지. 박정희, 전두환 같은 군인들이 쿠데타를 통해
권력을 잡고 독재를 할 때에도 국회의원선거는 중단된 적
이 거의 없어. 대신 부정선거가 거의 일상화되었지. 경찰
이나 정부기관이 특정 후보자에게 투표하도록 압력을 가
하거나 돈을 써서 당선되도록 한 거지. 투표함 바꿔치기
도 하고, 개표 과정에서 상대편 표를 무효표로 만들기도
하고, 온갖 불법이 벌어졌지. 오죽하면 시민들이 공정선
거감시단을 자발적으로 만들어 활동했겠어.

18세 대통령선거는 중간에 중단되지 않았어? 1972년 박정희
가 통일주체국민회의를 만들어 유신을 선포하고 독재를
했던 때, 그리고 1981년 전두환이 간선 선거인단을 만들
어 체육관에서 대통령으로 추대되었잖아. 그러니 선거가
계속 실시된 건 아니지.

삼촌 아니, 너는 정알못(정치를 알지 못하는 사람)이 아니라 정잘
알(정치를 잘 아는 사람)이구나.

18세 내가 싫어하는 말들이 여자가 무슨 정치냐, 여자가 정치

를 알겠어, 뭐 이런 말이거든.

삼촌 맞아. 가장 강력한 권한을 가진 대통령을 뽑는 선거는 권력자에게 불리하다 싶으면 중단되었고, 그보다 힘이 약한 국회의원을 뽑는 선거는 계속 실시된 거지.

16세 이승만 대통령이 '사사오입' 개헌을 했다는 건 나도 알아. 대통령을 다시 하기 위해 헌법을 개정하려면 국회의원 3분의 2의 찬성이 필요한데, 1954년 11월에 투표를 해 봤더니 찬성 135명, 반대 60명, 기권 7명, 무효 1명으로 개헌에 1명이 모자란 거지. 그랬더니 당시 여당인 자유당은 203명의 3분의 2는 135.333…이니까 반올림해서 135명으로 개헌 정족수를 채웠다며 주장했던 일.

삼촌 오, 너도 갑자기 똑똑이가 됐는데. 권력을 쥔 자들은 어떻게든 선거규칙을 자신에게 유리하게 만들려고 해. 그러다 보니 새로운 정치, 새로운 정당은 등장하기가 어려웠어.

18세 그러니까 독재자들은 선거 자체를 완전히 없애는 것보다는 선거를 자신들에게 유리한 형태로 만들려고 하는 거군. 하긴 히틀러가 권력을 잡을 때도 선거를 통해 집권한 거였지. 어떻게 보면 꼭 독재자가 아니라 하더라도 한국 사회는 장벽이 많은 사회 같아. 양반, 상놈의 신분 구별이

지금은 금수저, 흙수저로 다시 등장하고, 여전히 정치인
들은 남성이 많고.

삼촌 맞아. 우리는 독재자들이 선거를 두려워할 거라 생각하는데 실은 선거를 이용하지. 마치 시민이 스스로 결정한 것처럼 생각하도록. 특히 요즘처럼 미디어의 영향력이 강할 때는 힘으로 억누르는 것보다 가짜 정보를 끊임없이 퍼뜨리고 시민들에게 벌금이나 과태료 같은 걸 걷어서 계속 피해를 주는 게 효과적인 거지.

18세 그러면 선거를 어떻게 받아들여야 하는 거야? 투표장에 간다고 별로 바뀌는 게 없잖아. 내 의견을 정확히 대변해 줄 후보가 있으면 모르겠는데, 그런 사람도 없다면.

16세 역시 선거권을 얻으니 고민이 많아지셨어. 골치 아프면 그냥 끌리는 대로 투표해.

18세 그렇게 쉽게 말하지 마. 세상의 절반이 여성이라고 말하잖아. 그러면 정치권력도 그래야 하는데, 문제가 뭔지 알아? 투표를 하려면 여성들이 없어. 청년들도 없어.

16세 그건 나도 알지. 민주시민교육을 한다는데, 정작 교육을 받아도 민주주의를 실천할 곳이 없어.

삼촌 워워, 그렇다고 선거를 너무 냉소적으로 볼 필요는 없어. 이것도 하나의 권리니까. 그리고 그 권리가 점점 넓어지고 있는 건 좋은 일이지.

18세 너 그거는 알아? 경제협력개발기구(OECD) 회원 국가 중에서 만 19세 이상에게 선거권을 주는 나라가 한국밖에 없었다는 거.

16세 아니, 처음 들었지. 나는 다른 나라도 다 그런 줄 알았지.

삼촌 예전에 나랑 얘기할 때 아니라고 했잖아. 벌써 까먹은 거냐. 기억해야 할 말은 안 하고 꼭 이상한 말만….

16세 아, 됐고. 그건 몰랐네.

18세 OECD 36개국 중에서 만 18세에게 선거권을 보장하는 나라가 34개국이야. 이번에 한국의 법이 개정되었으니 35개국이지. 남은 한 나라는 어딜까? 오스트리아야. 거긴 무려 만 16세부터 선거권이 있어. 독일의 경우도 연방정부는 만 18세부터지만, 몇몇 지방정부는 만 16세부터 선거권을 부여해.

16세 아, 두발 자유화 때문에 서울로 전학을 고민했는데, 선거권을 생각하면 오스트리아로 이민을 가야 하는구나. 거기였다면 나도 올해 선거권이 있는데…. 대체 왜 이렇게 나라마다 선거권 연령이 다른 거야?

한국의 선거권 나이 변화

만 21세 이상	제헌국회 총선거(1948년)~제4대 국회의원 선거(1958년)
만 20세 이상	제5대 국회의원 선거(1960년)~2005년 공직선거법 개정 전
만 19세 이상	2005년 공직선거법 개정 후
만 18세 이상	2020년 1월 공직선거법 개정 후

삼촌 왜 그렇겠어. 법을 만드는 정치인들의 생각이 달라서 그렇지. 2019년 12월 23일 국회 본회의장에서 자유한국당이 〈공직선거법〉 개정을 반대하면서 필리버스터❸를 할 때 자유한국당의 한 국회의원이 한 말이야. "대부분의 만 18세 학생들이 여전히 학생입니다. 그러면 이들한테 입시 포퓰리즘❹ 공약 배제할 수 있습니까? 얘들을 위해서 포퓰리즘 공약 잘하니까 얘들한테 맞는 입시 포퓰리즘 공약하겠지. 그러니까 뭐지요, 고등학교 입학금인가? 고등학교 수업료, 무상교육도 3학년 2학기부터 하지. 걔네들 투표권 있으니까. 다 목적이 있는 것 아니에요? 어떻게 이런 식으로 합니까? … 한국의 입시문화, 학업 스트레스

---

❸ 무제한 토론 또는 합법적인 의사진행 방해. 국회의원이 오랜 시간 발언을 해서 법안에 대한 표결을 막는 행위.
❹ 보통 사람들의 요구와 바람을 대변하려는 정치로 번역되지만 한국에서는 대중을 선동하는 정치라는 부정적인 의미로 받아들여진다.

등을 고려했을 때 만 18세 고3은 한창 예민하고 민감한 시기에 해당이 됩니다. 고3 학생들의 표심을 노린 입시 포퓰리즘 공약, 수업료 고3부터 면제한다는 것, 무상교육 한다는 것, 다 이런 거겠지요. 여전히 편향적 정치교육을 일삼는 조직적·기획적 세력이 각 학교별, 각 학교에 꾕빔 위하게 퍼져 있는 현실을 고려했을 때 학생들을 대상으로 한 일부 교원의 수업 중 선거운동의 가능성을 배제하기 어렵다고 되어 있어요." 학생들이 포퓰리즘에 휘말릴 수 있고, 교사가 선거운동을 할 수 있으니 하면 안 된다는 논리지.

18세 아니, 만 18세가 휘말리는 포퓰리즘이 만 19세나 그 이상 나이에게는 안 먹히나? 그럼 노인들을 대상으로 하는 포퓰리즘이 걱정되니 만 60세 이상에게도 선거권을 주지 말아야지. 성인이나 노인에게는 포퓰리즘 해도 되고, 청소년에겐 하면 안 된다? 뭐 이래.

16세 우리랑 연관된 교육감을 뽑는데 우리에겐 선택권을 주지 않는 것도 포퓰리즘에 대한 걱정인가요.

18세 삼촌, 민주주의도 경험 아니야? 판단도 해 보고, 선택에 대한 책임도 져 보고 하면서 사람이 성장하는 거지. 그리고 정치만큼 토론하기 좋은 주제가 어디 있냔 말이야. 평균연령 55.5세가 넘는 국회에서도 문 잠그고 쇠지레 들고 몸싸움하고 난리면서 말이야.

삼촌 너희 둘 말이 맞아. 선거에 적합한 연령이 따로 있는 게 아니라 중요한 건 그 나라 민주주의의 수준이지. 사실 그 수준은 선거법만이 아니라 다른 법으로도 증명돼. 운전면허 따는 거나 8급 이하 공무원 시험 등은 만 18세부터 되고 취업은 15세부터 되는데, 〈청소년보호법〉은 만 19세가 기준이란 말이야.[5] 노동이나 능력개발은 15세부터, 시민의 권리는 19세부터, 이게 말이 되냐고.

18세 그러니까 삼촌 말은 다른 법들도 이번 〈공직선거법〉 개정에 맞게 바꿔야 한다는 거지?

삼촌 그렇지, 그에 관한 논의를 이제 시작해야 해. 기후 위기 시대에는 청소년들이 미래를 결정할 권리를 가져야지.

---

[5] 대한민국 법에서 정한 나이 기준은 다음과 같다.
취업(근로기준법): 만 15세 이상.
결혼(민법), 공무원 시험(공무원임용시험령, 8급 이하), 입대(병역법), 운전면허 취득(도로교통법): 만 18세 이상.
성인(민법): 만 19세 이상.

미국의 정치학자 버나드 마넹(Bernard Manin)은 《선거는 민주적인가》(곽준혁 옮김, 후마니타스, 2004)라는 책에서 대의제도의 원칙을 이렇게 정의한다.

1. 일정한 시간적 간격을 두고 선거를 통해 통치할 사람을 임명한다.

2. 통치하는 사람의 정책 결정은 유권자들의 요구로부터 일정 정도 독립성을 가진다.

3. 피통치자들은 통치자들의 통제에 종속되지 않고, 그들의 의사와 정치적 요구들을 표현할 수 있다.

4. 공공 결정은 토론을 거친다. 대의 정부의 핵심 제도는 선거이다.

선출된 정치인이 유권자의 의견을 무조건 따를 필요는 없지만 중요한 결정을 내리기 전 시민과 함께 토론하고 상의하며, 그 결정에 대해 책임을 지고, 그 책임이 선거 결과로 반영될 때 대의민주주의는 작동한다.

대의민주주의의 핵심적인 제도가 선거라고 하면서 그 과정에 청소년들을 참여시키지 않는 것은 사회적인 차별이다. 선거는 단순히 투표로 끝나지 않는다. 정치적인 선택을 위한 정보 수집, 토론, 선택에 대한 정치적인 책임이 요구된다. 때로는 그 짐이 무거울 수 있기에 일찍부터 훈련해야 더 나은 시민이 될 수 있고, 그러면서 훌륭한 정치인도 탄생한다.

좋은 교육제도를 갖춘 나라로 한국에 유명한 핀란드에서 2019년 12월 10일 최연소 총리가 탄생했다. 총리가 된 산나 마린(Sanna Mirella Marin)은 1985년생이다. 마린은 일찍부터 정치활동을 시작했고 2008년부터 지방선거에 출마했다. 2012년 지방선거에서 시의원으로 당선되었고, 2015년 총선에서 하원의원으로 당선, 2019년에 핀란드의 교통장관이 되었다. 일찍부터 정치를 시작해야 이런 정치인이 탄생할 수 있다. 청소년도 정치인을 선택할 권리를 가져야 하고, 스스로 정치에 나설 수 있어야 한다. 그것이 민주주의이고, 성장을 보장하는 사회이다.

2.
정치,
정당,
민주주의

18세 사람들은 맨날 핀란드 교육만 얘기하는데, 나는 핀란드의 정치제도가 더 부러워. 핀란드는 대통령도 있고 총리도 있는 이원집정(부)제이고, 비례대표 선거제도로 정원 200명의 의회가 구성돼. 정당의 수가 많고 발달되어 여러 정당이 연합해서 내각을 구성하잖아. 2019년 선거에서도 사회민주당, 핀인당, 국민연합당, 중앙당, 녹색동맹, 좌파동맹, 청색미래당, 스웨덴인당, 기독교민주당, 이런 정당들이 의회로 들어갔어. 그래서인지 세계에서 가장 정치 부패가 없는 나라라는 평가를 받아.

삼촌 맞아. 사실 협동과 통합을 강조하는 핀란드 교육의 장점은 정치에서 비롯된 바가 커. 그거 아냐. 핀란드에는 주민들이 지방정부에 직접 정책을 제안하거나 요구하는 '주민발의제도'가 있는데, 몇 살부터 가능하게?

16세 OECD 국가 평균 선거연령이 18세이니 18세? 누나는?

18세 삼촌이 저렇게 물으면 의도가 있는 거지. 나는 16세.

삼촌 둘 다 땡. 핀란드 주민발의제도는 15세부터 가능해. 중앙정부에 요구하는 시민발의제도는 18세지만.

16세 대박. 15세면 나도 정책을 제안할 수 있네. 역시 이민은 핀란드로.

18세 야, 너는 아까 오스트리아로 이민을 간다며.

16세 핀란드는 교육도 훌륭하다고 하니까 핀란드로.

삼촌 가실 때 가시더라도, 아까 누나가 말한 이원집정제가 뭔지는 아니?

대통령제와 의원내각제

16세 권력이 두 개란 얘기 아냐? 대통령도 있고, 총리도 있고.

18세 대통령과 총리의 권한은 뭐가 다르게?

16세 아니, 누나도 점점 삼촌이 되어 가는구나. 웬 질문의 연속.

18세 내가 설명해 줄게. 네 말처럼 권력이 두 개로 분리되어 있고, 대통령과 의회는 서로를 견제할 수 있어. 대통령이 장관을 비롯한 내각을 임명하지만 의회는 그 내각을 거부할 수 있고, 대통령은 의회의 해산을 요구할 수 있어. 권한의 면에서는 대통령이 군통수권이나 외교 같은 대외적인 권한을 갖고, 총리는 나라를 운영하는 행정권을 갖지.

16세 그럼 한국에도 대통령과 국무총리가 있으니 이원집정제인가?

18세 아니, 지금 한국의 대통령에게는 그런 권한이 없어. 처음

만든 제헌헌법에서는 대통령을 국회에서 뽑도록 했어. 국회의 권한이 더 강했던 셈이지. 그런데 국회에서 선출된 이승만 대통령은 야당이 총선에서 승리하자 대통령을 계속하기 위해 대통령 직선제로 바꾸고, 국회를 양원제(미국처럼 국회를 민의원과 참의원 두 개로 구성)로 만들면서 국회가 내각을 불신임할 수 있는 개헌안을 통과시켜.

16세 그게 사사오입 개헌안이야?

18세 아니, 그건 발췌개헌안. 그렇게 또 대통령이 된 이승만 대통령이 죽을 때까지 대통령을 해 먹고 싶어서 그 뒤에 발의한 개헌안이 사사오입 개헌안이지. "초대 대통령에 한해 중임 제한을 없앤다"는 조항을 넣으려 했지.

16세 야, 정말 사람의 욕심에는 끝이 없구나.

18세 그래서 1960년에 시민들이 들고일어나서 이승만 대통령을 내쫓은 거지. 그리고 그런 대통령이 다시 등장할 수 없도록 의원내각제로 헌법을 바꿔. 권한을 내각으로 가져오고 대통령이 국회의 동의를 구하도록 한 거지. 그런데 1961년 5월에 박정희가 5.16 군사 쿠데타를 일으켜 또다시 헌법을 바꾸면서 대통령제를 재도입하고 양원제를 지금의 단원제로 바꿔. 그리고 박정희가 선거에 나가 대통

대한민국 대통령 선거제도 변화

김용호·장성훈, 12~13쪽 참조.

대별	선거일	선출 방식	당선자	후보자 등록	피선거권 연령	선거권 연령	법정 임기
1	1948.07.20.	국회 간선 (정부통령제)	이승만	–	40	25*	4
2	1952.08.05.	국민 직선 (정부통령제)	〃	선거인 500명 이상 추천	〃	21	4
3	1956.05.15.	〃	〃		〃	〃	〃
4	1960.03.15.	〃	〃		〃	〃	〃
4	1960.08.12.	양원 간선 (내각제)	윤보선	–	〃	25*	〃
5	1963.10.15.	국민 직선 (대통령제)	박정희	정당 추천	〃	20	〃
6	1967.05.03.	〃	〃	〃	〃	〃	〃
7	1971.04.27.	〃	〃	〃	〃	〃	〃
8	1972.12.23.	통대 간선	〃	통일주체국민회의 대의원 200명 이상 추천	〃	30*	6
9	1978.07.06.	〃	〃	〃	〃	〃	〃
10	1979.12.06.	〃	최규하	〃	〃	〃	〃
11	1980.08.27.	〃	전두환	〃	〃	〃	〃
12	1981.02.25.	선거인단 간선	전두환	정당 또는 선거권자 300~500명 추천	〃	〃	7
13	1987.12.16.	국민 직선	노태우	정당 또는 선거권자 5000~7000명 추천 (서울특별시·직할시·도 분산, 각 시 도 500인 이상)	〃	20	5
14	1992.12.18.	〃	김영삼	정당 또는 선거권자 5000~7000명 추천 (1개 시도 500명 이상)	〃	〃	〃
15	1997.12.18.	〃	김대중	정당 또는 선거권자 2500~5000명 추천 (1개 시도 500명 이상)	〃	〃	〃
16	2002.12.19.	〃	노무현	〃	〃	19	〃
17	2007.12.19.	〃	이명박	〃	〃	〃	〃
18	2012.12.19.	〃	박근혜	정당 또는 선거권자 3500~6000명 추천 (1개 시도 700명 이상)	〃	〃	〃
19	2017.05.09.	〃	문재인	〃	〃	〃	〃

*간접선거에 참여하는 국회의원, 민·참의원, 통일주체국민회의 대의원, 선거인단 선거인의 피선거권 연령을 의미함.

령으로 당선되고, 대통령을 세 번 한 뒤에도 권력을 놓지 않으려고 1972년 12월 27일에 유신헌법을 공포해. 대통령 직선제를 없애고 통일주체국민회의라는 요상한 기구를 만들어 거기서 대통령과 국회 총 정원의 3분의 1을 선출하도록 했어. 대통령제가 아니라 독재인 거지.

16세 이승만의 사례를 보고도 정신을 못 차렸구나. 역사에 교훈이 없네.

삼촌 그 역사를 잘 배운 사람이 있지. 전두환이라고. 전임 대통령인 박정희의 쿠데타 사례를 잘 보고 박정희가 암살당하자 1979년에 12.12 군사 쿠데타를 일으켜 정권을 장악하지. 그리고 그 잘못을 덮으려고 1980년 5월에 광주의 시민들을 학살하지. 정말 끔찍한 역사야.

16세 정말 나쁜 사람들이 수십 년 동안 권력을 잡았구나. 그러면 지금의 형태는 언제 만들어진 거야?

18세 전두환도 권력욕을 버리지 못하고 자기 후계자를 직접 임명하려고 하자 1987년에 시민들이 들고일어났고 결국은 전두환이 손을 들고 대통령 직선제를 약속해. 그 뒤의 대통령선거에서 후계자였던 노태우가 당선되지만. 어쨌거나 1987년 10월에 헌법이 개정되면서 지금의 대통령제가 꼴을 갖췄어. 그때 대통령이 가졌던 비상조치권과 국회해산권은 폐지되지.

16세 그러면서 대통령과 국회가 서로를 견제할 수 있는 상태가 됐다는 거지? 그런데 국회가 대통령의 탄핵을 요구할 수 있는 반면, 대통령은 국회해산권이 없으니 균형이 안 맞는 거 아닌가?

18세 국회의 권한이 강한 것 같지만 대통령이 내각을 구성하고 행정부를 지휘하니 권한이 막강해. 그리고 국회가 대통령을 바로 탄핵할 수 없고 헌법재판소의 판결을 받도록 했지. 그 균형을 맞췄으면 한국은 대통령제 국가가 아니라 이원집정제 국가가 되겠지.

16세 아하, 그런 거구나.

18세 아까 누나가 얘기했던 핀란드의 경우, 대통령이 총리를 지명하지만 사실상 국회 내 합의를 받아들이는 식이지. 그리고 대통령이 장관을 임명하며 내각을 구성하지 않고 총리가 장관을 지명하면 대통령이 동의를 하는 식이야. 반대로 한국은 대통령이 장관을 임명하며 국회의 동의를 구하지만 동의를 받지 못해도 장관을 임명할 수 있어. 그러니 한국은 대통령이 행정부의 장으로 내각을 이끌고,

핀란드는 총리가 행정부의 장으로 내각을 이끌어.

민주주의 학교 지방자치, 그리고 지방선거

삼촌 한국 정치와 관련해 또 하나 고민해야 하는 게 지방자치
제도야. 박정희가 쿠데타를 일으키고 없앤 건 국회의 권
한만이 아니었어. 박정희는 지방자치제도도 유보시켰어.
1949년 7월에 〈지방자치법〉이 제정되고 1952년 4월 25
일에 시·읍·면의회 의원선거가, 5월 10일에는 시·도의
회 의원선거가 최초로 실시되었어.

그런데 1952년이 어떤 해냐? 한국전쟁이 진행 중이던 해
였어. 그래서 서울특별시와 경기도, 강원도와 치안이 불
안했던 전북 4개 지역에서는 선거가 실시되지 못해. 그래
도 이 최초의 지방선거를 통해 17개 시에서 378명의 시
의원이, 72개 읍에서 1115명의 읍의원이, 1308개 면에
서 1만 6051명의 면의원이 선출되었어.

18세 그때는 읍의원, 면의원도 있었네. 지금은 도의원, 시의
원, 구의원, 군의원이 지방의원이잖아.

삼촌 맞아. 첫 지방선거는 지방자치의 의미에 맞게 면 단위까지

의원을 선출했어. 선거제도도 소선거구제와 중선거구제를 병행했고. 1956년 두 번째 지방선거에서는 시·읍·면장 선출을 임명제에서 직선제로 바꿨는데, 1958년에 〈지방자치법〉이 개정되어 직선제가 폐지돼. 1960년 11월에 〈지방자치법〉이 개정되고 단체장과 지방의원을 다시 직선제로 선출하기로 해. 그래서 1960년 12월 12일에 서울특별시·도의회 의원선거가, 12월 19일에 시·읍·면의회 의원선거가, 12월 26일에 시·읍·면장 선거가, 12월 29일에 서울특별시장·도지사 선거가 실시되었어.

18세 그때는 하루에 모든 선거를 치르는 전국동시지방선거가 아니었네.

삼촌 그렇지, 그때가 지방자치의 취지에 더 맞았어. 지금은 하루에 모두 선출하니까 단체장과 지방의회 다수당의 소속 정당이 같은 경우가 많아. 서로 견제가 되겠어?

어쨌거나 그때 시·도의원 485명, 시의원 420명, 읍의원 1055명, 면의원 1만 5376명이 당선되었어. 그리고 시·도지사 10명, 시장 26명, 읍장 82명, 면장 1359명이 당선되었어. 숫자가 어마어마하지 않니?

18세 정말, 지금보다 훨씬 많은 선출직 정치인들이 있었네. 요즘처럼 정치혐오가 심한 때라면 쓸데없이 정치인을 많이 뽑는다고 욕했을 텐데.

삼촌 그렇지. 바로 그 정서를 이용해서 박정희가 통일될 때까지 지방자치제도를 유보하겠다고 발표했어.

16세 헐. 통일이라니. 하기 싫단 얘기네.

삼촌 그러다가 1987년 민주화운동이 성공하고 난 뒤에 지방자치제도가 부활했지. 그때도 정부는 소극적이었고, 김대중 전 대통령이 단식을 하며 싸운 끝에 1991년에 지방의회 선거가, 1995년(제1회 전국동시지방선거)에 단체장 선거가 부활해. 2002년(제3회 전국동시지방선거)부터는 지방선거에도 비례대표제(1인 2표)가 적용되고.

18세 인터넷 검색해 보니까 지방선거는 투표용지가 엄청 많더라고. 일곱 장인가. 광역자치단체장 투표용지, 기초자치단체장 투표용지, 광역의원 투표용지, 기초의원 투표용지, 비례대표 광역의원 투표용지, 비례대표 기초의원 투표용지, 시도교육감❶ 투표용지.

---

❶ 2006년 〈지방교육자치에 관한 법률〉 개정 이후 2007년부터 교육감 직선제가 이루어졌고, 2010년부터 전국동시지방선거 때 교육감선거가 함께 치러진다. 교육감은 시·도 단위로 선출한다.

삼촌 투표용지는 많지만 교육감을 제외하면 크게는 지역구 투표와 비례대표 투표 두 가지인 셈이지. 내 마음에 드는 지역구 후보와 마음에 드는 정당 투표.

16세 그런데 지방선거는 왜 하는 거야? 사실 시민들은 지금 누가 기초의원, 광역의원인지, 단체장은 누구인지 잘 알지도 못하잖아. 국회의원 이름도 잘 모르는 판에.

삼촌 민주주의란 게 원래 그런 거야. 날로 먹을 수 없고 그만큼의 노력이 들어가야 하는 거지. 생각해 봐. 국회의원들은 당선되면 전부 다 서울로 가. 국회가 서울에 있으니까. 지방자치제도가 없을 때 주요한 정책 결정은 전부 서울에 있는 행정부처에서 이루어져. 도로를 놓고 시설을 만들고 복지정책을 짤 때 국회의원이나 공무원들이 전국을 돌며 현황을 파악할까?

16세 음, 안 그러겠지.

삼촌 내가 사는 지역과 관련된 구체적인 결정들은 그 지역에서 내려지는 게 맞겠지. 그리고 지방자치를 안 할 때는 지방에 사는 사람들도 정책에 항의하려면 다 짐 싸 들고 서울로 가야 했어. 거기서 결정이 이루어지니까. 시민들이 정책에 의견을 내려고 해도 그럴 방법이 없는 거야.

18세 지방자치를 민주주의의 학교라고 부르는 건 그런 의미구

나. 누가 대신 결정을 해 주는 게 아니라 시민들 스스로

정책을 제안하고 집행하고 평가하는 과정을 경험하는 것.

삼촌 빙고, 그래서 지방자치가 중요한데, 아직까지 한국의 지방자치는 소수의 힘 있는 사람들이 좌지우지하고 있어. 그건 선거제도의 영향이 커.

18세 아까 지방의회선거는 소선거구제와 중선거구제를 같이 쓴다고 하지 않았어? 그럼 국회의원선거보다 낫지 않아?

삼촌 맞아. 광역의회선거는 소선거구제, 기초의회선거는 중선거구제를 써. 〈공직선거법〉 제26조❷에 따르면 지방의원의 선거구에서 선출되는 의원 정수는 2인 이상 4인 이하로 정하되 구체적인 당선자 수는 시와 도의 조례로 결정돼. 그런데 도의회와 시의회를 장악한 기득권 정치인들이 대부분의 선거구를 2인으로 제한하는 거지. 그러면 큰 두 정당의 후보들이 의석을 거의 다 차지하게 되니까.

지난 2018년에 치러진 제7회 전국동시지방선거 때 각 시도의 선거구획정위원회들은 한 선거구에서 3, 4인을 뽑는 개선안을 제안했지만 광주광역시를 제외하면 모든 광역의회가 이 안을 거부했어. 그 결과 2018년 지방선거 때도 4인 선거구는 전국 1035개 기초의원 선거구(지역구) 중 28개에 불과했어. 2014년 제6회 전국동시지방선거 때 전국 1034개 기초의원 선거구(지역구) 중 4인 선거구가 29개, 3인 선거구가 393개, 2인 선거구가 612개였으니 오히려 더 줄어든 셈이야.

그나마 3인 선거구가 2018년에 415개로 늘어났지만 여기엔 또 문제가 있어. 기초의원 후보의 선거기호는 이상하게도 국회 의석순으로 정해져. 지방의회 의석수도 아니고 국회 의석순으로 정해지다 보니 1번은 여당, 2번은 제1 야당 순이야. 그리고 지방선거에서는 기호 1번이 하나가 아니라 1-가, 1-나, 1-다, 이렇게 또 쪼개져(2번도 마찬가지). 이러니 원외정당(국회에 의석을 가지지 못한 정당)의 기호는 한참 뒤로 밀릴 뿐 아니라 많은 후보자 중에서 눈에 잘 띄지도 않아. 후보자들이 누구인지 잘 알지 못하는 기초의원선거에서 기호는 매우 중요하니 소수정당이나 원외정당의 당선 가능성은 낮을 수밖에 없지.

18세 선거권은 얻었는데 참 심각하다, 심각해. 그러면 꼼꼼히 후보를 살펴보고 투표하는 수밖에 없구나.

---

❷ 제26조(지방의회의원선거구의 획정) ②자치구·시·군의원지역구는 인구·행정구역·지세·교통 그 밖의 조건을 고려하여 확정하되, 하나의 자치구·시·군의원지역구에서 선출할 지역구 자치구·시·군의원정수는 2인 이상 4인 이하로 하며, 그 자치구·시·군의원지역구의 명칭·구역 및 의원정수는 시·도조례로 정한다. [개정 2005.8.4]

16세 그러면 정당들이라도 정신을 제대로 차려야 할 텐데, 아까 핀란드는 당이 무척 많았잖아. 한국은 어때?

좋은 정당이 좋은 정치인을 만든다

18세 정당은 어떤 기능을 하는 기관이야?

삼촌 보통 정당은 공공의 이익을 실현하기 위해 정치적인 뜻을 같이하는 사람들이 자발적으로 조직한 집단을 가리키지. 대의민주주의에서 핵심적인 기관으로 대한민국헌법(제8조 1항)에도 그 설립의 자유와 복수정당제도가 보장되어 있어. 선거에 후보를 내는 것과 더불어 나라에 필요한 정책을 만들고 정치인들을 발굴하고 훈련하는 역할을 하지.

16세 그럼 정당에 소속되지 않은 사람은 선거에 나오지 못하는 거야?

삼촌 1948년의 첫 선거 때부터 정당에 속해 있지 않은 무소속 후보도 국회의원선거에 출마할 수 있었어. 그런데 박정희가 정권을 잡은 뒤 1962년에 〈정당법〉을 만들어 정당의 추천을 받지 못한 무소속 후보의 출마를 금지했어. 새로운 정당을 만드는 과정도 매우 어렵게 만들었고. 한마디로 기성정당이 선거에서 유리할 수밖에 없지.

18세 한 정당이 후보를 공천할 때는 어떤 기준으로 하는 거야? 기성정당이라도 좋은 정치인들을 많이 배출하면 좋은 거잖아.

삼촌 〈공직선거법〉 제47조는 이렇게 되어 있어.

① 정당은 선거에 있어 선거구별로 선거할 정수 범위 안에서 그 소속당원을 후보자로 추천할 수 있다. 다만, 비례대표자치구·시·군의원의 경우에는 그 정수 범위를 초과하여 추천할 수 있다.

② 정당이 제1항의 규정에 따라 후보자를 추천하는 때에는 민주적인 절차에 따라야 한다.

일단 정당 후보가 되려면 그 당의 당원이어야 하고, 그 당의 절차에 따라 후보가 되지. 그렇다면 민주적인 절차는 뭘까? 보통 여러 명의 후보 예정자들이 경쟁을 벌여. 공천심사위원회와 같은 기구가 전략후보를 정하기도 하고, 당원투표를 통해 후보를 정하기도 하고, 아니면 당원과 일반인을 섞은 국민경선이나 여론조사를 통해 후보를 정하기도 해. 이렇게 절차는 마련되어 있지만 실제로는 밀실 공천, 뇌물 공천, 자기 파벌의 사람만 미는 줄세우기

공천 등의 문제가 그동안 심각했어. 특히 비례대표의 경우 문제가 더 심각했지.

16세 맞아. 선거 때가 다가오면 정당 안에서 싸움이 끊이지 않더라. 전에 삼촌이 시민불복종 얘기할 때 알려 줬잖아. 2000년 총선 때의 낙천낙선 운동. 부패 행위, 선거법 위반 행위, 민주헌정질서 파괴 및 반인권 전력, 의정활동의 성실성, 법안이나 정책에 대한 태도, 정치인의 기본 자질을 의심할 만한 반의회적·반유권자적 행위 등이 낙천낙선 운동의 기준이었다며. 사실 그 정도는 정당이 알아서 지켜야 하는 거 아냐. 그런데도 총 112명의 공천반대자 명단이 발표되었다며.

18세 와, 너 삼촌이랑 좀 지내더니 꽤 유식해졌다.

16세 흥, 무슨 말씀. 이 정도는 상식이지.

삼촌 맞아. 기본적인 기준은 정당이 알아서 지켜야지. 독일의 경우는 당원투표나 대의원투표를 통해 후보를 선출해. 그 투표가 민주적으로 이뤄졌는지를 확인하기 위해 정당은 회의 장소와 시간, 소집의 형식, 출석한 당원의 수와 투표의 결과가 기록된 후보자의 선출에 관한 의사록의 사본을 정부에 제출해야 해.

그런데 한국은 주로 개인의 인지도나 능력, 당선 가능성
이나 정당 내 기여도 등에 따라 공천이 이루어져.

18세 확실히 독일은 연동형 비례대표제도를 실시하는 만큼 한
국보다 정당 내 절차가 더 까다롭고 민주주의가 작동하는
구나. 그렇게 후보가 되고 나면 그 정치인은 어떻게 돼?

삼촌 선거운동을 하지. 소속 정당의 지도부가 전국을 돌며 선
거운동을 돕고. 그리고 당선이 되면 국회나 지방정부로
가지. 국회의원이 되면 희망 상임위원회를 신청해서 의정
활동을 하고, 단체장이나 지방의원이 되면 소속 지역에서
활동하지.

18세 그런데 지방선거의 경우 당선된 단체장들이나 지방의원
들이 범죄를 일으키거나 범죄와 관련되는 일이 잦다며.
경기도 성남시나 시흥시, 경상남도 함양군의 경우 단체장
들이 줄줄이 구속되었다던데. 얼마 전에는 충청남도 천안
시의 시장이 당선무효형을 선고받았고. 그러면 공천을 한
정당이 책임을 지는 거야?

삼촌 원래는 책임을 져야지. 그런데 그런 경우를 잘 못 봤다.
화장실 들어갈 때의 마음과 나올 때의 마음이 다르다고.
힘 있는 사람들이 이렇게 권력을 독점하면, 이른바 소외

된 계층, 열심히 살아가지만 자기 몫을 가지지 못한 사람들은 누구를 통해 자신의 이해관계를 대변해야 할까?

16세 우울하다. 역시 한국은 아닌가 봐.

18세 뭐, 다른 나라로 가면 좋을 것 같니? 요즘 전 세계적으로 이방인을 배척하는 극우정당들이 선거에서 표를 얻고 있다고.

16세 말이 그렇다는 거지, 이분들은 참.

삼촌 정당정치가 발전하는 게 그런 면에서 중요하고, 그렇게 정당정치가 발전하려면 거대정당이 권력을 독점하지 못하도록 다양한 정당이 국회로 들어가야 해. 그래야 사회의 다양한 이해관계들이 드러나고 조율되고.

16세 그럼, 한국에서는 그런 정당이 한 번도 없었던 거야?

삼촌 그 점에서는 또 한국의 흑역사가 있지.

대한민국 정당 흑역사

삼촌 한국 최초의 정당은 어디일까?

18세 인터넷 검색해 보니 고려민주당이네. 1945년 8월 18일에 만들어진.

삼촌 그럼 1945년부터 2016년까지 70년 동안 만들어지고 사라진 정당의 수는 얼마나 될까?

16세 100개?

삼촌 242개 정도야.

16세 대박, 엄청 많네. 그러면 한국도 정당이 많은 나라 아냐?

삼촌 그렇기도 한데, 2016년까지 국회의원을 배출한 정당의 수는 대략 41개 정도야.

16세 그럼, 나머지는?

18세 그건 국회로 못 들어간 원외정당이지. 아니면 그냥 정당 등록만 해 놨을 수도 있고. 그리고 예전에는 국회의원선거나 지방선거에 참여하지 않거나 국회의원선거에 참여해서 후보자를 당선시키지 못하고 유효투표수의 2퍼센트 이상을 얻지 못하면 정당 등록을 취소하는 조항이 〈정당법〉에 있었어. 2014년에 이 조항은 폐지되었지만, 그 전에는 국회로 못 들어가면 정당이 자동 해산되니까 계속 새로운 정당을 만들어야 했던 거지.

삼촌 그리고 기성정당들은 분열과 합병을 반복했어. 크게 보면 세 줄기로 볼 수 있는데. 1960년대 이후의 원내정당 역사를 보면, 박정희가 만든 민주공화당이 전두환·노태우의

민주정의당으로, 그 뒤 민주자유당→신한국당→한나라당
→새누리당→자유한국당→미래통합당으로 이어져. 다른
한 줄기는 신민당에서 신한민주당으로, 그 뒤 평화민주당
→신민주연합당→민주당→새정치국민회의→새천년민주
당→열린우리당→민주통합당→더불어민주당으로 이어지
는 흐름이야. 마지막 한 줄기는 이른바 진보정당의 흐름
으로 진보당에서 민중당, 민주노동당으로, 또 통합진보당
과 정의당으로 이어지는 흐름이 있지.

16세 아니, 비슷비슷한 이름이 자꾸 반복되는데, 왜 헷갈리게
이름을 자꾸 바꾼데.

삼촌 헷갈리라고. 다른 정당과 통합하면서 바꾸기도 하고, 당
의 방침에 반발하는 국회의원들이 탈당해서 새로 정당을
만드니까. 선거를 치르기 위해 급하게 정당을 만들기도
하고. 특히 1987년 민주화운동 이후 사회가 권위주의에
서 벗어나면서 그런 경향이 늘어나. 그전에는 몇몇 유명
정치인의 말을 안 들으면 정치가 불가능했으니까. 어떻게
보면 민주화의 영향이지.

또 하나 한국 정당의 특이한 경향은 문제가 생기면 이름
을 많이 바꿨어. 대표적인 예가 한나라당이 차떼기 사건

으로 비난을 받자 새누리당으로 이름을 바꿨고, 박근혜 대통령이 탄핵되자 새누리당은 자유한국당으로 이름을 바꿨어. 다른 쪽도 비슷해. 한국 정당 역사에서 가장 많이 쓰인 단어가 '민주'야.

18세 그 얘기 들었어. 너 지금 정당들 중에 가장 오래된 정당이 어딘지 알아?

16세 음, 민주당?

18세 땡, 녹색당이야. 2012년 3월에 창당했는데 벌써 가장 오래된 정당이 된 거지.

16세 사람은 그대로인데 이름만 바뀐 거군. 그러니 어떻게 정치가 발전하겠어.

18세 그렇게 이름을 계속 바꾸는데 같은 정당인 걸 어떻게 아는 거야?

삼촌 정당도 건물이나 자산을 가지고 있는데, 그게 어디로 가는지 보면 돼. 한국에서 돈은 거짓말을 잘 안 하거든.

16세 삼촌은 정말 별걸 다 아는구나.

삼촌 그럼, 나야말로 진정한 척척박사….

16세, 18세 됐고.

그럼에도 선거를 해야 하는 이유

18세 한국의 정치 현실이 이런데도 투표소에 가야 할까? 선거 때 새로운 정치세력이 국회로 들어가도록 하고 싶어도 새로운 정당이나 인물이 출마를 할 수 있어야 하는 거 아냐. 새 인물이 없으면 헌 인물이 당선될 수밖에 없잖아.

삼촌 맞아. 그게 딜레마지. 그나마 준연동형 비례대표제도가 도입되니까 이제는 정당득표율 3퍼센트만 넘으면 새로운 정당이 의석을 얻을 수 있어. 미흡하지만 이나마도 발전이지.

16세 그런데 아까 삼촌이 말한 대로 새로운 인물이 정당의 공천을 받거나 무소속으로라도 출마하지 않으면 선택지 자체가 없는 거 아냐?

삼촌 그건 그렇지. 지금의 〈공직선거법〉이 선거 상한액, 즉 돈을 쓰는 최대치를 제한하지만 최저한도를 보장해 주는 건 아니라서 각자의 출발선이 다르단 말이지. 더구나 지금의 〈공직선거법〉은 기호나 인지도 면에서 이미 국회나 지방의회 의석을 가진 정당에 유리하고.

18세 그러니까 사실상 시민들은 정치를 관전하는 관객으로 전락

했다는 평가도 있던데. 시민들이 지지하는 '유치원 3법'❸이
나 '민식이법'❹조차 어렵게 국회를 통과하는 걸 보면, 시
민이 민주주의의 주인이라는 말은 그냥 수식어 같아.

삼촌 맞아. 지금의 국회는 철저히 기득권을 대변하고 있지. 그
렇지만 우리가 선거를 포기하면 뭘로 저 기득권을 줄이거
나 없앨 수 있을까? 한 번에 모든 걸 다 얻겠다는 생각이
아니라면 뭐라도 조금씩 바꿔 나가야 하지 않을까? 관객
으로 관망만 하는 민주주의에서 대의민주주의의 주체로
활동하는 과정이 필요하겠지. 특히 지금은 예전과 달리
개인이 개입할 수 있는 여지도 커졌다고 생각해.

18세 어떤 게 커진 거야? 툭하면 어른들은 예전보다 살기 좋아
졌다고, 우리가 누리기만 한다고 말하는데, 대체 뭐가 좋

---

❸ 2018년 국정감사에서 일부 유치원들의 비리가 드러나면서 〈유아교육법〉과 〈사립학교법〉,
〈학교급식법〉에 대한 개정안이 발의되었다. 이 개정안은 유치원에 대한 정부의 관리책임과 유
치원 정보공개를 강화하고, 사립학교 경영자의 교비 부정사용을 막고, 유치원도 학교급식의
적용대상으로 삼는다는 내용 등을 담고 있다. 2020년 1월 13일에 자유한국당을 제외한 더불어
민주당, 바른미래당, 민주평화당, 정의당, 대안신당의 합의로 개정안이 통과되었다.
❹ '민식이법'은 2019년 10월 13일 더불어민주당 강훈식 의원이 대표발의한 '〈도로교통법〉 일부
개정법률안', '〈특정범죄 가중처벌 등에 관한 법률〉 일부개정법률안'을 말한다. 2019년 9월 11일
충남 아산시에서 김민식 군이 어린이 보호구역 내의 횡단보도를 건너다 교통사고로 사망한 사
건에서 비롯되었다. 민식이법은 어린이보호구역 내 사고예방을 위해 신호등 및 과속단속 카메
라 설치 의무화, 보호구역 내 교통사고 사망사고의 경우 고의성이 없어도 3년 이상 징역부과
등 교통안전을 강화하는 내용을 담고 있다. 이 법은 자유한국당의 필리버스터로 처리가 지연
되다 2019년 12월 10일에 재석 의원 227명 중 찬성 219명, 반대 2명, 기권 6명으로 국회에서 뒤
늦게 통과됐다.

아진 거야?

16세 맞아, 누나 말처럼 우리가 노력해서 이만큼 먹고살 만하게 됐는데, 너희는 어쩌고저쩌고. 그런 말 들으면 진짜 짜증 나.

삼촌 이렇게 죽을 듯이 경쟁하며 먹고 싶진 않다고 얘기해 줘. 뭐, 그렇게 말하는 건 대통령 욕했다고 잡혀가는 세상은 아니라는 건데, 문제는 그게 정치의 전부가 아니고 사실 그런 생각이 정치를 왜곡해 왔다는 거지. 대통령 욕해도 잡혀가지 않으니 '더욱더 열심히 욕하자'가 아니라 '그러니 너는 네 문제에나 신경을 써'로 가니 문제이지. 누구나 정치할 수 있는 조건을 만들지 않으면서 아무나 정치할 수 있다고 생각하는 착각! 이건 선거가 아니라 그냥 투표이지.

그리고 개인의 자유는 더 보장되지만 노동자의 권리는 여전히 존중받지 못하는 한국이야. 시민권 속에 노동권이나 사회권이 포함되어야 하는데, 한국은 정치적인 기본권만 보장하면서 민주주의를 다한 것처럼 생색을 내지. 그러니 모든 이의 투표는 보장되지만 모든 이가 투표할 수 있도록 시간을 보장하거나 투표장으로 가는 건 보장되지 않는 거야.

16세 그럼, 삼촌은 선거가 여전히 중요하다고 보는 거야?

삼촌 당연히. 무대의 높이를 낮추고 무대에 주인공들을 더 많이 세우자는 거지. 관객이 없는 세상을 바라는 게 아니라 관객의 호응이 전달될 수 있는 정치가 필요하지. 그게 대의민주주의 아닐까? 무엇이 진짜 민주주의인가, 이런 걸 논하기엔 지금 우리 현실이 너무 척박해.

16세 그럼 어떻게 선거를 하는 게 현명할까?

삼촌 궁금하면 오백 원.

정치에 관심을 좀 두려 하면 어김없이 "왜, 선거 나가게?"라고 묻는 한국 사회. 자신이 뽑은 대표자 앞에서 말 한마디 제대로 못하는 사람들도 술자리에서 질펀하게 정치인의 자질을 논하는 한국 사회에서 정치에 대한 시민들의 인식은 부정적이다. 정치인이나 공무원의 부정부패를 "그럴 줄 알았다"며 상식처럼 받아들이는 한국에서 정치에 대한 인식은 매우 부정적이다. 정치현실이 부정적이라는 점은 분명하지만 이런 인식의 문제점은 부정한 정치현실을 바꿀 힘도 정치에 있다는 사실을 망각하게 한다.

그래서 '정치란 무엇인가?'는 한국에서 가장 답하기 어려운 질문 중 하나이다. 그것에 대한 상이 없어서가 아니라 각자가 생각하는 상이 너무 달라서이다. 각자의 생각이 다른 건 당연한 일이라 생각할 수 있지만, 판단의 기준으로 삼을 만한 원칙조차 없는 건 문제이다. 특히 한국 시민이 경험한 정치의 대부분은 부정적인 형태, 즉 부당한 권력에 억눌리거나 피해를 본 것이다. 그러다 보니 싫은 점은 분명한데 정치의 장점은 잘 보이지 않는다. 욕은 많이 하지만 뭘 해야 할지는 고민하기 어렵다.

정치엔 다양한 형태가 있고, 진정한 민주주의는 인류 역사에서 짧은 순간에만 등장하고 사라짐을 반복했다. '우리 사회의 틀을 누가 어떻게 세울 것인가'라는 가장 기본적인 질문에 대한 답이 정치이다. 누가 '우리'의 범주에 들어갈지, 교육이나 복지의 '틀'을 얼마나 보장할지, '누가' 그 작업을 맡을지, '어떤' 과정을 통해 목표를 달성할지, 이런 것들을 정하는 것이 정치이다.

그리고 정치를 자꾸 정치인 개인으로 환원시키는 경향도 한국의 문제이다. 우리는 지나치게 개인 중심의 정치이다. 옛날에는 JP(김종필), YS(김영삼), DJ(김대중), MB(이명박), 이렇게 개인의 이니셜로 정치를 표현했고, 지금도 여전히 주요 정치인들의 이름이 언론을 장식한다. 그러나 정치는 몇몇 소수 정치인의 전유물이 아니다. CEO 혼자서 기업을 운영하지 못하듯이, 정치인도 혼자서는 권력을 행사하지 못한다. 통치하는 사람과 통치를 받는 사람, 이 쌍이 없으면 정치는 성립하지 않는다. 그래서 통치를 받는 사람의 태도가 통치하는 사람에게 영향을 미칠 수밖에 없다. 순종적인 시민만 있는 곳에서는 민주적인 정치인도 왕으로 변하기 쉽고, 비판적인 시민이 있는 곳에서는 권위적인 정치인도 민주주의를 말하게 된다. 이제는 개인이 아니라 과정과 정책이 정치 대화의 주제여야 한다.

그런 면에서 우리는 아직 경험이 너무 부족하다. 경험이 몸에 배야 하는데, 경험할 곳이 부족하고 정치는 너무 늦게 시작된다.

3.
투표를 하는
기준은
이것

18세 삼촌은 선거할 때 어떤 기준으로 투표를 해? 이런저런 정보는 많이 듣는데 판단하기가 좀 어려워. 이 후보나 저 후보나 비슷해 보이기도 하고. 선거 때는 다들 국민의 편에 선다고 떠들고.

16세 맞아. 선거 때만 국민의 머슴이라고 말하고. 머슴 이야기 좀 그만했으면 좋겠어. 시대가 어떤 시대인데 구리게.

삼촌 그러게. 정치인이 머슴인 게 좋을까? 시키는 대로 할 거면 그냥 집집마다 투표장치를 달아서 직접 투표하도록 하면 되고. 아니면 인공지능을 활용하는 게 낫겠지. 그게 정치는 아닌데 말이야.

18세 그러니까, 뭔가 기준이 있으면 좋겠어. 곧 투표를 해야 하는데 기준이 안 잡혀. 친구들과 토론해 봐도 잘 모르겠어. 똑똑한 사람을 뽑아야 할지, 성실한 사람을 뽑아야 할지, 소통을 잘하는 사람을 뽑아야 할지.

삼촌 그럼, 선거에 임하는 우리의 자세와 기준이 중요하다고 본다.

삼촌 선거를 할 때 사람들이 가장 많이 빠지는 함정이 뭔지 아니?

18세 선거공보물을 제대로 안 보는 거?

16세 후보의 공약을 그냥 쉽게 믿는 거?

삼촌 대의민주주의 뜻이 뭐니? 시민들의 다양한 의견과 이해관계가 정치과정에 반영되는 민주주의야. 그럼 가장 먼저 생각해야 할 게 뭘까? 바로 나야.

18세 응? 그건 뭐지?

삼촌 나는 이번 선거를 통해 어떤 의견을 내고 싶고, 어떤 정책이 마련되기를 바라는가?

16세 오호, 이건 발상의 전환인데.

삼촌 뭐가 발상의 전환이야. 너 물건 살 때 어떻게 사. 여러 가게에 들러 보고 온라인 사이트에서 확인해 보고 가격도 비교해 보고 그러지 않아? 그럴 때 기준이 뭐야. 가게들이 알려 주는 정보가 중요하지만 가장 중요한 건 내 필요잖아. 선거는 내가 원하는 바를 함께 고민할 정치인을 뽑는 자리이지 나한테 뭘 해 주겠다는 사람을 뽑는 자리가 아니라고.

18세 정치에서도 현명한 소비자가 되라는 거군.

16세 현명한 소비자가 정치를 구원하리라, 뭐 이런 건가?

삼촌 그렇다고 소비자의 자세만 취하라는 건 아냐. 왜냐하면 정치에서는 가격 같은 기준 없이 서로의 가치가 충돌하고, 시장에서는 가격을 지불할 능력을 가진 사람만 구매하는데 정치에서는 그러면 안 된단 말이지. 나만이 아니라 모든 사람의 기본권이 보장되어야지. 그런 점에서 '공공성'도 중요한 기준이야.

'훌륭한 민주시민'이 되고 싶다면 나에게 필요한 것만이 아니라 우리 마을에, 우리 공동체에 필요한 것들을 다른 시민들과 함께 따져 봐야 해. 그래야 우리 삶이 더 행복해질 수 있고 내가 뽑은 정치인이 제대로 활동하고 있는지 평가할 수도 있어.

18세 오, 이건 좀 유용한데.

삼촌 또, 그래야 정치인과 우리의 관계가 역전되지 않아. 정치인은 우리에게 권력을 위임받은 사람이지 우리의 지배자가 아니란 말이야. 우리 욕구와 필요가 명확해지면 분명하게 요구할 수 있지. 가령 우리가 요구하니까 학교 강당을 짓는 거지 우리한테 강당을 지어 주는 게 아니거든. 그러니 정치인에게 매달리지 않고 당당하게 요구해야 해.

18세 그렇게 관계가 정해지면 내가 뽑아 줬으니 당연히 이 정도는 해 줘야지, 그리고 앞으로는 이렇게 해 주면 더 좋겠어, 라고 말할 수 있겠구나. 사실 정치인들이 우리 지역으로 가져오는 사업들도 자기 개인 재산을 털어서 해 주는 일이 아니라 우리가 짬짬이 낸 세금으로 하는 일이니 고마워할 필요는 없는 거겠지. 격려는 필요할지 몰라도.

16세 오, 그러면 교육감에게도 제대로 요구할 수 있겠는데.

삼촌 그럴까 봐서 선거연령을 만 16세로 못 낮추는지도 몰라. 흐흐.

18세 좋아, 그럼 내가 원하는 바나 필요한 걸 정했어. 그다음은 어떻게 해?

대통령에게 국회의원에게 자치단체장에게 각각 적합하게 요구할 것

삼촌 그러면 이제 내 욕구나 필요가 어느 차원에서 해결될 수 있는지를 봐야지. 대통령이 해결할 수 있을까, 국회의원이 해결할 수 있을까, 아니면 도지사? 시장? 시의원이나 군의원?

16세 우아, 대통령. 대통령에게 우리가 뭘 요구할 수 있을까? 누나는 뭐 요구하고 싶은 게 있어?

18세 있지. 이제서야 선거제도 개혁이 이루어졌듯이 아직 바뀌어야 할 게 많단다. 대통령은 한국에서 가장 강력한 권력을 가진 사람이니 사회를 개혁하는 일에 적합하지. 영국의 《이코노미스트》가 '2019년 유리천장지수❶'를 발표했는데, 한국은 OECD 29개국 중 최하위였어. 100점 만점에 20점을 겨우 넘었어. 이게 말이 되니.

16세 최고는 어딘데?

18세 스웨덴. 80점을 넘었어.

16세 그럼 누나는 스웨덴으로 이민 가야겠네. 나는 핀란드. 멀지도 않고 좋네.

삼촌 야, 이민 간다고 문제가 해결되니. 너는 참 학습효과가….

16세 됐고. 어쨌거나 사회개혁과 같은 큰 과제는 대통령선거에 적합하다는 거지? 그럼 국회의원선거는?

---

❶ 교육, 경제활동 참여, 임금, 관리직 진출, 임원 승진, 의회 진출, 유급 육아휴가 등의 지표로 여성의 노동환경을 평가한 점수를 유리천장지수라 한다.

삼촌 국회의 또 다른 이름이 뭐냐. 그렇지, 입법부. 그러니 법률을 제정하고 개정하고 폐지하는 게 국회의원의 주된 역할이지. 그리고 국정감사. 행정부를 견제하고 비판하는 일이지. 또 하나 중요한 건 연말의 국가예산심의. 물론 외국과의 조약을 비준하는 것도 국회의 몫이지만.

16세 어른들은 국회의원들이 매일 놀고먹는다는데 의외로 역할이 많네?

18세 야, 그게 일을 안 해서 그런 거지, 역할이 없는 거겠어. 그러니까 삼촌 말은 어떤 법률을 제정하거나 개정할 필요가 있을 때는 총선을 활용해야 한다는 거네. 그리고 행정부가 부당하게 시민의 삶을 구속할 때도 국회의원이 필요한 거고. 우리 동네에 필요한 중앙정부의 사업을 따올 때도 국회의원이 필요하고. 국회의원, 여러모로 쓸모가 있으니 잘 써야겠다. '국회의원 사용설명서', 뭐 이런 건 없나.

삼촌 그런 게 있으면 좋겠어. 제법 쓸모가 많거든. 법률과 관련해서는 꼭 선거만이 아니라 국회에 청원제도라는 게 있어. 국회의원의 소개를 받으면 시민이 직접 법률의 제정과 개정을 제안할 수도 있어. 물론 실제로 국회에서 통과되는 비율은 매우 낮지만.

18세 도지사랑 시장은 뭐가 달라?

삼촌 도지사는 광역자치단체장, 시장은 기초자치단체장.

16세 뭐야, 설명이 그게 다야?

삼촌 대통령이 중앙정부의 행정을 책임진다면, 서울특별시장·
광역시장·도지사는 광역자치단체의 행정을 맡는 사람이
야. 광역자치단체장은 여러 개의 시·군·구가 연관된 업
무를 다루거나 중앙정부가 위임한 사무를 기초자치단체

로 넘겨주는 역할을 맡아. 그리고 기초자치단체장은 주민 복지와 쓰레기나 공원 같은 생활문제, 교통, 체육, 문화, 예술, 지역산업 육성 등과 같은 여러 역할을 맡아. 내가 사는 지역의 문제는 대통령, 국회의원보다 시장이나 군수 같은 기초자치단체장이 처리하겠지.

18세 지방선거 때는 교육감선거도 있지? 교육감은 어떤 후보가 좋을까?

삼촌 지금까지 교육감선거에서는 학부모를 대상으로 한 공약이 대부분이었어. 아마 이제 좀 변화가 있을 거야. 학생 유권자에게 어떤 공약으로 호소할까 고민을 하겠지. 교육감이야말로 너희 요구안을 잘 수용해야지.

16세 지방의회는 어떤 역할을 해?

삼촌 지방의회도 국회와 비슷한 역할을 맡아. 법률이 아니라 조례를 제정하거나 개정하지만 지방자치단체의 예산을 심의하고(국회와 달리 예산편성 권한은 없음) 국정조사와 비슷하게 행정사무감사나 조사를 할 수 있어.

18세 국회의원들도 일을 안 하지만 지방의원들은 더 심하다던데. 해외연수 가서 사고도 많이 치고.

삼촌 지금 현실이 그렇다고 행정부를 감시하는 지방의회의 역할을 무시할 수는 없지. 지방의회에 좋은 정치인이 많이 들어가고, 그 과정에서 성장해 국회로 가고, 그렇게 정치인들이 단계적으로 성장하면 좋은 거지. 아까 핀란드 총리도 시의원에서 시작해서 국회의원, 총리까지 갔잖아. 정치도 일종의 훈련이야.

18세 그러네. 지방선거에서 괜찮은 정치인이 있나 유심히 봐야겠어. 우리를 대변할 청년들이 많이 들어갈 수 있도록 하고. 그래야 국회도 바뀌지.

공약을 살피고 비전과 정책을 따져 볼 것

16세 자리마다 역할이 다르다는 건 알겠는데, 그래도 좋은 정치인의 기준 같은 게 있을까?

18세 보통 거짓말 안 하는 정치인, 진심을 다하는 정치인, 이러는데 사람의 마음을 들여다볼 수 있는 것도 아니고. 진심을 어떻게 아냐고.

16세 그러면 '민심'을 따르는 정치인이 좋은 거 아냐?

삼촌 그래, 민심. 참 좋은 말이지. 참 좋은데, 그것도 알 수가 없는 말이야. 정치인들이 왜 그렇게 민심을 많이 얘기하는 줄 아니?

16세 민심을 따라야 하니까.

삼촌 민심은 알 수 없는 말이기 때문이야. 어떤 결정에 관해 여론조사를 해서 찬성이 반대보다 조금 더 높으면 그게 민심일까? 인류 역사를 보면 사회 변화는 개혁을 주도하는 정치인들이 있어서 가능했는데, 그 정치인들이 여론을 따랐으면 사회가 바뀌었을까. 보통 여론을 주도하는 층은 보수적인 경우가 많은데 말이야.

18세 맞아. 여론만 따랐으면 여성 참정권도 더 뒤로 밀렸을 거야. 말할 기회가 없는 사람들의 생각은 반영이 안 되는 거지.

16세 맞아. 여론만 따르면 청소년들의 권리도 절대로 보장되지 않을 거야.

삼촌 한국의 정치인들이 유독 민심을 많이 이야기하는 이유도 그거야. 그게 제일 안전하거든. 그리고 자신이 정확히 누구를 대변하고 있는지 말할 필요가 없거든. 누구의 민심이냐고 물으면 자신을 찍어 준 사람들의 뜻이라고 얘기하면 돼. 누가 찍어 줬는지 모르니 자기 마음대로 얘기하면 그게 민심이 되는 거지.

16세 우아, 그거 정말 편리하겠는데. 그러면 진실성도 아니고, 민심도 아니고, 뭐가 기준이야?

18세 그래서 공약을 봐야 한다는 거 아니겠어? 내가 당선되면 무엇을 하겠다는 약속. 하긴 공약을 지키지 않는 정치인들도 수두룩하지만.

16세 앗, 누나의 정치 허무주의다.

18세 이게, 현실이 그렇다는 거지.

삼촌 맞아. 그게 현실이지. 그래서 공약과 그 사람의 이력을 잘 봐야지. 생태계를 보존하겠다는 사람이 건설업계에서 일했으면 좀 이상하잖아. 시민의 권리를 보호하겠다는 사람이 공안검사 출신이고, 그러면 이상하잖아.

18세 그러네. 공약과 살아온 이력을 연결해서 봐야겠네. 또 뭐가 있을까?

삼촌 사람에 집중하는 방법도 있지만 그 사람이 소속된 정당을 보는 것도 방법이지. 그 정당이 어떤 비전과 정책을 가지고 활동해 왔는가. 어떤 당헌과 당규를 가지고 있는지도 봐야지. 무소속 후보도 있지만 첫 선거가 아니라면 그 전에 소속된 정당이 있을 거야.

18세 그렇지. 비례대표제도가 강화되면 될수록 정당이 중요하겠지. 정당에서 어떤 활동을 해 왔고 그 정당이 소속 정치인들을 어떻게 관리하는지도 봐야겠네.

삼촌 또 하나, 좋은 걸 찾는 것보다 나쁜 걸 배제하는 것도 방법일 수 있어. 가령 여성이나 장애인을 혐오하는 정치인은 찍지 말자, 인권을 무시하는 정치인은 찍지 말자, 시민을 무시하는 발언을 했던 정치인은 찍지 말자. 어렵지 않아, 포털 사이트에서 정치인 이름 넣고 검색하면 뭘 했는지가 쭉 뜨잖아.

18세 그런데 좋은 정치인인데 소수정당의 후보나 무소속이라서 당선이 안 되면 어떡해? 실제로 그런 사례가 많잖아.

새로운 정치 대안을 찾고 의사를 분명히 표명할 것

삼촌 꼭 당선되어야만 정치를 할 수 있는 건 아니야. 실제로 원외정당이지만 의미 있는 역할을 해 온 정당들이 있어.

16세 의석을 가지지 못한 정당이 뭘 할 수 있어?

삼촌 주요한 정책의제를 계속 부각시킬 수 있지. 예를 들어, 녹색당은 기후 위기나 생태계 파괴, '차별금지법'❷처럼 기성정치권이 다루지 않는 문제들을 계속 부각시키고 있고,

미래당은 〈청년기본법〉❸이나 정치의 세대교체 같은 현시대의 문제들을 다루잖아. 잘못된 정부정책이 나오면 논평도 내고.

16세 그래도 당선이 안 되면 법과 제도를 바꾸지 못하잖아.

18세 선거에 당선되지 못하더라도 주요한 정치 이슈를 알리기 위해 후보가 나오기도 하잖아. 지난 2018년 6.13 지방선거에서 페미니스트 서울시장 후보나 제주도 제2공항 반대 도지사 후보로 여성 청년이 나온 걸 보고 나는 굉장히 반가웠다고.

삼촌 그렇지. 선거는 합법적으로 자기주장을 할 수 있는 공간이니까. 물론 지금의 〈공직선거법〉은 선거운동 과정에서

---

❷ 개인 인권 보호를 위해 합리적이지 않은 모든 종류의 차별을 금지하는 법률. 미국, 유럽 등에서는 19세기 말부터 여러 형태의 차별금지법이 제정되어 왔으며, 유엔에서도 지속적으로 한국 정부에 차별금지법 제정 권고를 해 온 바 있다. 한국에서는 국가인권위원회에서 2003년부터 차별금지법 제정에 대한 논의가 시작되었으나, 재계와 종교계 일각의 반대로 현재까지 제정이 이루어지지 않고 있다.

❸ 청년의 범위(만 19~34세)를 정해서 국가와 지방자치단체의 의무를 규정하고 청년의 정책 참여를 확대하는 등 삶의 질 향상을 위한 체계적이고 종합적인 지원 근거를 마련한 법. 청년들이 '1만 명 서명운동'과 토론회, 간담회 등을 통해 지속적으로 문제를 제기하고 국회가 여야 합의로 청년기본법안을 만들어 2020년 1월 9일 제정되었다. 고용촉진 및 일자리 질 향상, 주거지원, 복지증진, 금융지원 등의 정부 책임을 정하고 청년의 기본권에 대한 존중과 의사결정 참여 등을 보장하는 내용이 담겼다.

도 원외정당에 불이익을 주고 언론도 원외정당들을 잘 안 다뤄.

18세 그러니까 언론이나 공보물만 보지 말고 우리가 잘 찾아봐야겠구나. 그래야 정치에 새로운 피가 돌지.

삼촌 만약 선거에서 당선만 의미가 있다면 이런 딜레마도 있어. 이건 삼촌이 예전에 경험했던 일이야. 시장을 뽑는데 후보 1, 2, 3번이 있었어. 1번은 정당공천 과정에서 문제가 있었던 후보, 2번은 수천만 원의 세금을 내지 않다가 선거에서 문제 되자 그제서야 납부한 후보, 3번은 비리를 저질러 1번의 정당에서 공천을 받지 못하자 무소속으로 출마한 현직 시장. 자, 이 세 명을 놓고 투표를 해야 해. 이 선거에서 당선자는 내게 무슨 의미가 있었을까?

16세 삼촌은 어떻게 했어?

삼촌 공평하게 한 표씩 줬지.

16세 그럼 무표가 되는 거 아냐?

삼촌 무효표지. 마음에 들지 않는 사람에게 표를 줄 바엔 무효표를 만드는 것도 정치적인 의사표현이라고 봐. 2014년 일본 오사카시 시장 재선거에서는 투표율이 역대 최저인 23.59퍼센트에 무효표가 전체 투표수의 13.53퍼센트(6만

7506표)나 되었어. 그 이전 선거 때 무효표가 0.69퍼센트 였으니 엄청 높아진 거지. 오사카시 시민들은 현 시장이 사임하고 재선거를 치르는 것은 일종의 정치쇼라 여기고 이에 항의하기 위해 조직적으로 무효표를 찍었어. 오죽하면 무효표가 재선된 시장을 제외한 세 후보의 득표수 합보다 많았어. 무관심해서 투표하지 않는 게 아니라 찍을 사람이 없다고 주장하려는 거지.

그리고 2017년 프랑스 대통령선거 때에도 에마뉘엘 마크롱(Emmanuel Macron)과 마린 르펜(Marine Le Pen) 모두를 거부하는 무효표 운동이 있었고, 대통령선거 2차 투표에서 전체 투표율 중 무효표 비중이 11.5퍼센트나 됐어. 멕시코에서도 무효를 뜻하는 눌로(Nulo)를 찍자는 'Voto Nulo 캠페인'이 매번 선거 때마다 등장해. 눌로 운동은 아무도 찍지 않는 것이 현직 정치인들을 뽑는 것보다 훨씬 낫다는 메시지를 전달하기 위해 벌어졌다고 해.

18세 시민이 흔쾌히 찍을 사람을 후보로 내라는 정치적인 압력을 만드는 거구나.

삼촌 그렇지. 찍을 사람이 없는 선거, 기계적으로 반복하면 뭐하겠어.

18세 맞아. 당선되지 못할 거면 선거에 왜 나와, 당선되지도 못할 사람 왜 찍어, 이런 생각들도 기득권 정치를 계속 강화시키는 거겠지. 새로운 정치를 열심히 찾고 지지해야겠네.

내가 찍은 정치인, 제대로 감시할 것

16세 내가 찍은 후보가 당선되면 좋겠다. 내가 원하는 정책들을 마련할 거 아냐.

삼촌 그렇기는 한데, 투표를 한 것으로 마음을 놓으면 안 돼. 프랑스의 사상가 루소가 했던 유명한 말이 있지. 당시 의회민주주의가 발달했던 영국을 비꼰 말인데, "영국 국민은 스스로를 자유롭다고 생각한다. 하지만 그들이 자유로운 건 투표를 하는 날뿐이며 선거가 끝나면 그들은 노예가 되고 존재하지 않게 된다. 그들이 짧은 기간에 누리는 이 자유는 자유를 상실하기에 딱 적당할 만큼이다." 투표만 하는 건 정치가 아니라는 거지. 그러니 내가 선택한 정치인들이 어떻게 활동하는지 봐야 해.

16세 그런 건 어떻게 알 수 있어?

삼촌 IT 강국 한국 아니냐. 국회 홈페이지(http://www.assembly.

go.kr/)에 가면 지금 국회가 다루는 법률안과 예산안, 국회의 상임·특별위원회, 국회의원에 관한 정보들을 얻을 수 있어. 예를 들어, 우리 지역 국회의원을 찾아서 클릭하면 전화번호와 연락처, 보좌진, 국회 일정, 의회 발언 영상, 상임위 활동, 대표로 발의한 법률 등 다양한 정보를 다 찾을 수 있어. 지방의회도 비슷한 체계로 되어 있고, 대통령이나 단체장들에 대한 정보도 홈페이지를 보면 구할 수 있어.

18세 어디 볼까. 그러네, 정보가 다 뜨네. 그러면 우리 지역 정치인이 어떻게 활동하는지, 선거 때 했던 약속은 잘 지키고 있는지를 감시할 수 있겠네.

삼촌 그렇지. 투표만 하고 끝내면 소수의 정치인에게 너무 많은 권력을 쥐여 주는 거야. 그리고 완벽한 인간이 어디 있니. 불완전한 인간이니 계속 노력이 필요한 거지. 한국에서는 '감시'라는 말을 부정적인 의미로만 쓰는데, 사실 건강한 감시는 좋은 권력을 만드는 방법이기도 해.

18세 그래? 어떤 의미에서?

삼촌 누구나 실수할 수 있고 어디서나 문제가 발생할 수 있어. 사람인 이상 그걸 미리 다 파악할 수 없잖아. 누가 자기

의회에 출석은 잘하고 있나?

재산이 얼마나 늘었지?

무슨 법안을 발의했지?

오, 나보다 무서운 미래 유권자.

를 관심 있게 봐 주면 좋은 거지. 예를 들어, 정치인이 잘못된 발언을 했어. 그러면 사과하고 조심하면 더 나은 정치인이 되는 거잖아. 저를 믿고 푹 쉬어라, 저니까 감시의 눈초리를 거두서도 된다, 이런 말을 하는 정치인들은 더 나은 정치인이 될 기회를 거부하는 거지.

18세 시민단체들도 정치인들을 평가하지 않아?

삼촌 맞아. '매니페스토(참공약)'라고 정치인들이 공약을 제대로 지키는지 살피는 시민운동도 있고, '열려라 국회'(http://watch.peoplepower21.org/)처럼 국회의원의 의정활동과 재산내역, 국회 출석률과 활동을 감시하는 시민운동도 있어. 지방정부의 예산을 감시하는 시민운동도 있고.

18세 언론도 중요한 감시자 아냐? 의정평가 이런 것도 하고 그러던데.

삼촌 맞아. 언론도 그런 역할을 하지. 어쩌면 선거 이후가 정치에서 더 중요해.

선거일이 다가올수록 이런저런 고민이 든다. 만일 선생님이나 부모님이 누구를 찍으라고 계속 얘기하면 어떻게 해야 할까? 그냥 눈 딱 감고 그 말을 받아들여야 하나? 〈공직선거법〉은 "누구든지 교육적·종교적 또는 직업적인 기관·단체 등의 조직 내에서의 직무상 행위를 이용하여 그 구성원에 대하여 선거운동을 하거나 하게 하거나, 계열화나 하도급 등 거래상 특수한 지위를 이용하여 기업조직·기업체 또는 그 구성원에 대하여 선거운동을 하거나 하게 할 수 없다"고 규정하고 있다. 그러니 그런 소리를 자꾸 하면 그 장면을 동영상으로 찍거나 녹음해서 고발할 수 있다. 물론 그러려면 뒷감당을 할 자신이 있어야 하니 실제로 그러기란 쉽지 않지만.

조금 더 나은 방법은 내가 분명한 기준을 가지고 어떤 사람을 지지한다고 얘기하는 것이다. 내 기준이 명확하면 남의 강요를 받는 곤란한 상황에서 조금 벗어날 수 있지 않을까? 투표권은 전적으로 내 소관이니 내 판단이 중요하다고.

선거는 공직자를 뽑고 그에게 공식적으로 권력을 주는 과정이니 신중하게 나의 투표권을 행사해야 한다. "4년 뒤에 두고 보자"는 말처럼 정치인들이 가소롭게 여기는 말은 없다. 두고 보자는 사람치고 무서운 사람 없다고 정치인들은 일단 권력을 잡으면 그것을 이용해 시민들을 굴복시킬 수 있다고 믿는다. 그러니 만일 내 선택이 잘못되었다면 4년이나 5년을 기다리지 말고 지금 당장 그 실수를 바로잡아야 한다.

그리고 내가 잘못 선택했다면 정치에 무심할 게 아니라 그런 내 자신이 부끄러워서라도 더욱더 열심히 정치인을 감시하고 괴롭히고 그 자리에서 밀어내야 한다. 민주주의란 그런 감시가 가능하고 필요하도록 만들어진 제도이다.

4.
선거권은 시작,
10대가 정치활동을
하는 그날까지

18세 그런데 왜 피선거권(선거에 후보로 나갈 수 있는 권리)은 25세야? 24세나 26세와 어떤 차이야?

삼촌 〈공직선거법〉 제16조는 '피선거권'에 대해 이렇게 규정하고 있어.

① 선거일 현재 5년 이상 국내에 거주하고 있는 40세 이상의 국민은 대통령의 피선거권이 있다. 이 경우 공무로 외국에 파견된 기간과 국내에 주소를 두고 일정기간 외국에 체류한 기간은 국내거주기간으로 본다.

② 25세 이상의 국민은 국회의원의 피선거권이 있다.

③ 선거일 현재 계속하여 60일 이상 해당 지방자치단체의 관할구역에 주민등록이 되어 있는 주민으로서 25세 이상의 국민은 그 지방의회의원 및 지방자치단체의 장의 피선거권이 있다.

18세 그러니까. 25세 이상만 선거에 출마할 수 있는 거잖아. 심지어 대통령선거는 40세. 마크롱이 프랑스 제25대 대통령으로 당선되었을 때 나이가 39세야. 마크롱이 한국에 있었다면 출마도 못 할 거 아냐.

삼촌 그렇지. 왜 25세냐고? 그냥 1948년에 〈국회의원선거법〉이 만들어질 때 "국민으로서 만 25세에 달한 자는 성별, 재산, 교육, 종교의 구별이 없이 국회의원의 피선거권이 있음"으로 정해졌어. 시간이 지나면 바뀌어야 하는데 안 그런 거지.

18세 그럼 지금까지 최연소 국회의원은 누구야?

삼촌 1954년에 김영삼 전 대통령이 25세로 당선됐어. 그게 최연소 기록이야. 제20대 국회의 최연소 국회의원은 국민의당 김수민 의원. 당선 당시 만 30세였어.

18세 맙소사. 1954년의 기록이 아직도 안 깨졌단 말이야.

삼촌 제20대 국회의 평균연령은 55.5세. 제헌국회 때부터 1987년까지는 평균연령이 40대였는데, 그 이후는 쭉 50대야. 한국 정치의 시간은 거꾸로 흘러가는 거지.

피선거권 연령 25세, 언제까지?

18세 그럼 가장 평균연령이 낮았던 국회는 언제야?

삼촌 1954년 5월 31일에 개원한 제3대 국회야. 평균연령이 45.7세였어. 총 정원 203명 중 40세 미만이 49명으로 전체의 24.1퍼센트나 됐어. 다만 남성이 202명, 여성이 1명이었지. 직업으로 보면 농축산업이 55명으로 가장 많고 무직이 31명, 회사원이 24명, 정치인이 22명. 2016년에 구성된 제20대 국회의 평균연령은 55.5세. 지역구 당선자 253명 중 40세 미만은 1명, 50세 이상 60세 미만이 140명, 60세 이상 70세 미만이 66명.

18세 환장하겠네. 1954년에 40세 미만이 49명이었는데 2016년에 40세 미만이 1명이라는 거잖아.

삼촌 직업과도 연관이 있어. 제20대 국회의 지역구 당선자 253명의 직업을 보면 가장 많은 게 국회의원으로 138명, 그다음이 정당의 당직자나 정치인 61명, 그다음이 변호사 13명이야. 제3대 국회에서 가장 많은 직업군이던 농축산업은 0명, 회사원은 2명. 이게 뭘 말할까. 평범한 시민들의 삶과 완전히 멀어졌다는 거야.

18세 갑갑하네. 여성 국회의원 비율은 어떻게 돼?

삼촌 그건 비례대표제도 때문에 좀 오르고 있지. 제20대가 제일 높아, 17.1퍼센트(51명). 지역구 국회의원 당선율은 10.3퍼센트(26명).

18세 17.1퍼센트가 가장 높다니.

16세 잠깐만, 성인이 되는 나이는 19세인데, 왜 피선거권은 25세야?

삼촌 처음에 〈공직선거법〉 초안을 잡을 때는 30세를 주장하는 의견도 있었는데 25세로 조정된 거야. 그러다 1958년에 시행된 〈참의원의원선거법〉의 경우 피선거권을 만 35세로 높였다가 1960년에 〈국회의원선거법〉이 제정되면서 참의원은 만 30세 이상, 민의원은 만 25세 이상으로 다시 낮춰졌어.❶ 그리고 1963년에 양원제가 폐지되면서 만 25세 이상이 기준이 되지. 또 1960년에 개정된 〈지방자치법〉은 서울특별시장과 도지사의 피선거권을 만 30세로 규정했고 나중에 25세로 낮춰져. 재미있는 건 해방 전 대한민국임시정부의 '건국강령'에 따르면 피선거권 기준이 23세였다는 거야.

18세 뭐야, 그럼 해방 이전보다 이후에 피선거권 연령이 더 높아졌다는 거네. 이유가 뭐야?

삼촌 뭐, 특별한 이유는 없지. 그냥 예전부터 그랬으니까. 그래서 선거권과 피선거권이 일치하지 않는 건 계속 문제가

---

❶ 이승만 정부가 무너지고 난 뒤 대통령제에서 의원내각제로 변경된 제2공화국 헌법에 따라 국회는 상원인 참의원과 하원인 민의원로 나뉘어졌다. 참의원선거는 특별시와 도를 선거구로 하는 대선거구제로 임기 6년의 참의원 58명을, 민의원선거는 지역구당 1명을 뽑는 소선거구제로 임기 4년의 민의원 233명을 선출했다. 안건에 대해 양원의 의결이 일치하지 않으면 안건을 민의원 재적의원 과반수 출석과 출석의원 3분의 2 이상의 찬성으로 의결했다.

되었어. 2004년 총선 때 나이 때문에 후보등록을 못한 사람들이 헌법소원을 냈어. 병역의무는 18세부터(〈병역법〉제8조)이고 〈민법〉 제4조에서 규정한 성인연령은 19세임에도 피선거권을 제한하는 것은 평등권과 공무담임권(국민이면 누구나 법에 따라 국가의 기관원으로 공무를 맡을 수 있는 권리)을 침해한다고 말이야. 그런데 2005년에 헌법재판소가 이 헌법소원을 기각해.

18세 아니, 왜? 2005년이면 그래도 민주화 이후 시기 아냐?

삼촌 당시 헌법재판소 결정문은 이렇게 말해. "대의기관의 전문성, 국회의원의 정치적 인식 능력과 이에 필요한 직접 또는 간접적 경험을 쌓는 데 걸리는 최소한의 기간, 납세와 병역의무 이행을 요구하는 국민적 요청 등을 고려하면 피선거권 행사 연령을 만 25세 이상으로 정한 것은 공무담임권의 본질적 내용을 침해했다고 볼 수 없다." 무슨 말인지 알겠어?

18세 아니, 지금 국회에서 하는 거 보면 필요한 능력은 크게 고함지르는 것과 회의장 문을 막으려고 몸싸움하는 거던데. 그건 우리가 더 잘할 수 있는데.

삼촌 워워, 청소년. 정치를 냉소하진 맙시다. 사실 국회에 맞는 전문적인 능력과 경험을 연령으로 제한한다는 것은 시대착오적인 생각이지.

18세 국회의원이 입법만이 아니라 국정감사와 같은 행정부 감시도 해야 하니까 전문성이 필요하다는 건 알겠어. 그런데 그 전문성이 반드시 나이를 먹는다고 생기는 건 아니잖아. 나이를 먹어야 인맥과 연륜이 쌓이고 정치적인 감각도 생긴다는 얘기를 하지만, 반대로 그렇게 하다 보면 연줄이 생기고 이해관계도 복잡해져 부패할 가능성도 커지는 거 아냐? 그리고 지금 우리 시대는 과거의 경험에 비추어 판단을 내리는 것이 오류를 범하기 쉬운 시대잖아. 그러니 새로운 윤리, 새로운 가치가 만들어져야 하고, 그런 일은 당사자들이 주도해야 하지 않아?

16세 맞아. 청소년들의 정보가 적어서? 지금은 인터넷과 모바일 검색에 익숙한 청소년이 훨씬 더 많은 정보를 접할 수 있잖아. 외부 영향을 많이 받아서? 글쎄, 그런 영향은 나이와 상관없이 받고 있지 않아? 지금처럼 미래를 생각할 수 없는 시대에는 현재를 충실하게 살 수 있는 권리를 보장해야지. 그거야말로 기본권이지.

삼촌 내 말이. 당연히 그런 방향으로 나아가야지. 녹색당이나 미래당 같은 원외정당들과 민중당, 정의당이 꾸준히 피선거권 연령 인하를 요구하고 있고, 2019년 12월에는 (당시 바른미래당) 하태경 의원이 국회의원과 지방의원, 지방자치단체장의 피선거권 연령을 현행 25세 이상에서 20세 이상으로 낮추자는 법안을 제출했어. 선거권과 피선거권의 연령이 달라서 청년의 정치참여가 보장받지 못하는 건 국제적인 흐름과도 맞지 않고 청년 정치인의 출현을 가로막는다는 이유였어. 보수적인 정당에서도 피선거권 연령을 낮춰야 한다는 이야기가 나오고 있으니 조금씩 변하지 않을까?

정치활동은 청소년 때부터

18세 백번 양보해서 정말 그런 경험이 꼭 필요하다면 10대 때부터 정치활동을 하며 경험을 쌓을 수 있도록 해야 하지 않을까?

삼촌 맞아. 그런데 지금은 법으로 가로막혀 있지. 이제서야 법이 바뀌어서 18세부터 선거권을 가지게 됐는데, 다른 법률들도 함께 바뀌어야 해. 예를 들어 〈공직선거법〉 제60

조 "선거운동을 할 수 없는 자"를 보면, 미성년자, 즉 만 19세 미만의 시민은 선거운동을 할 수 없어. 다행히 이번에 법이 바뀌어서 선거권을 가진 18세부터 선거운동에 참여할 수 있게 되었어. 하지만 명심해, 선거권을 가진 18세부터야. 18세라도 선거권이 없다면 선거운동을 할 수 없어.

16세 정당 가입은 할 수 있어?

삼촌 그건 아직 금지야. 〈정당법〉 제22조(발기인 및 당원의 자격) 1항을 보면, "국회의원 선거권이 있는 자는 공무원 그 밖에 그 신분을 이유로 정당가입이나 정치활동을 금지하는 다른 법령의 규정에 불구하고 누구든지 정당의 발기인 및 당원이 될 수 있다"고 되어 있어. 선거권이 있는 사람만 정당 가입이 가능하다는 이야기이지.

16세 헐, 대체 그건 무슨 이유래?

삼촌 뭐, 특별한 이유가 있겠어. 한국에서는 그동안 정당이 유명무실했고, 기성세대가 청소년들의 정치참여를 달가워하지 않으니까 그런 거지. 민주노동당이나 진보신당, 녹색당 같은 정당들은 당 강령을 통해 청소년의 당원 가입을 허용하고 있어. 일종의 편법이지. 그리고 2020년 1월

정당 가입 조건 비교 (자료: 중앙선거관리위원회)

대한민국	만 19세 이상 (정당법)
독일	기독민주당 만 16세 이상, 사회민주당 만 14세 이상 법으로 나이 제한하지 않고 정당이 자율적으로 당헌으로 정함
영국	보수당 제한 없음 (보수당 당헌) 노동당 만 15세 이상 (노동당 당헌)
일본	자민당, 민주당 만 18세 이상 (각 정당 당규)
미국	대부분 주에서 당원 자격을 규정해 놓고 있지 않으나 만 18세 이상 지지 자를 당원으로 봄

청소년 참정권 확대를 위해 개정이 필요한 관련 법안

선거권 나이 규정	〈공직선거법〉
교육감 선거권 나이 규정	〈지방교육자치에 관한 법률〉
정당 가입 나이 제한 규정	〈정당법〉

청소년 정치참여 욕구 조사 (자료: 한국청소년정책연구원)

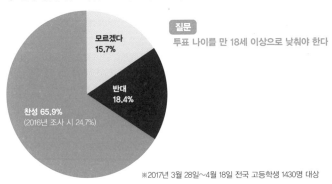

모르겠다
15.7%

질문
투표 나이를 만 18세 이상으로 낮춰야 한다

반대
18.4%

찬성 65.9%
(2016년 조사 시 24.7%)

※2017년 3월 28일~4월 18일 전국 고등학생 1430명 대상

에 정의당이 이 규정이 헌법의 국민 평등권을 제한한다며 헌법소원을 냈어.

18세 다른 나라도 청소년의 정당 가입을 제한하나?

삼촌 나라마다 조금씩 다른데, 유럽의 경우 법률로 연령을 제한하지 않고 각 정당이 알아서 가입연령을 정하도록 하지. 독일 사회민주당의 경우 가입연령이 만 14세 이상이야. 영국 보수당은 아예 제한을 두고 있지 않고.

16세 우아, 만 14세면 중학생이네.

18세 왜, 이제 독일로 이민 가고 싶니?

16세 난 그런 사람이 아니라고. 나는 여전히 핀란드.

삼촌 됐고. 물론 정치의 범위를 좀 넓혀 보면 선거 때 투표하고 정당에서 활동하는 것만이 정치는 아니지. 공동의 목표를 세우고 그것을 실현하기 위해 사람들을 만나고 자원을 조직하고 여론을 만드는 것도 정치니까.

16세 그래, 기후 위기를 막기 위한 정책과 사회 변화를 요구하는 청소년기후행동도 정치활동이겠지.

18세 내 친구는 대한민국청소년의회 활동을 해 봤대. 19세 이하 청소년들 160명 정도가 청소년 국회의원이 되어 정치법제, 외교통상, 교육과학기술, 청소년권익, 통합(문화, 경제, 복지) 총 5개의 상임위원회로 나누어서 활동했대.
2018년에는 화장품 유해 화학성분 검사 및 안전인증마크
표시를 위한 〈화장품법〉 개정안, 청소년 임금체불 등 부
당행위 방지에 대한 〈근로기준법〉 일부 개정안, 기간제교
원의 처우 개선에 관한 〈교육공무원법〉 개정안, 〈정보통
신망 이용촉진 및 정보보호 등에 관한 법률〉 개정안, 외
국인근로자의 처우 개선을 위한 '외국인 고용법'(〈외국인근
로자 고용 등에 관한 법률〉) 개정안을 청원했다던데.

삼촌 그래서 그 법률들이 개정되었다니. 아마 안 그랬겠지?

18세 맞아, 참여할 때는 재미있었는데 그 이후 결과를 알 수 없
어서 아쉬웠대.

삼촌 한국의 프로그램들이 다 그렇지 뭐. 권한을 안 주려고 해.
그러면 좋은 경험이 쌓이겠냐고.

세계 최연소 의원의 탄생

16세 그럼 다른 나라에서는 그렇게 활동하다 정치인이 된 경우
가 있어?

18세 그건 내가 알지. 내가 좋아하는 정치인이기도 하거든.

2002년에 독일 연방의회에 19세의 녹색당 여성이 의원으로 들어갔어.

삼촌 어, 너도 안나 뤼어만(Anna Lührmann)을 아는구나. 2005년에 한국에 오기도 했는데.

16세 대박, 19살 국회의원이라니. 세계 최연소겠다.

18세 맞아. 당시에 세계 최연소 의원으로 유명해졌어. 뤼어만은 당선되자 "국회는 국민들의 다양한 대표로 이뤄져야 하기 때문에 나이도 다양한 것이 좋다고 생각한다"라고 말했어. 멋지지.

삼촌 어떻게 보면 지극히 당연한 말이고, 정치의 핵심을 정확하게 건드린 말이기도 해. 정치는 다양성 없이는 활성화되기 어렵거든. 서로 다른 생각들이 충돌하고 조정되며 새로운 대안을 만들어 내는 것, 그게 정치야.

16세 그런데 뤼어만은 어떻게 그 나이에 정치인이 된 거래? 부모님이 정치인이야?

18세 아니, 부모님이 정치인은 아니었고 사회민주당의 당원이셨대. 10살 때부터 그린피스라는 환경단체에서 활동했고 학교 학생회 활동도 했대. 그린피스 활동을 하며 생태계를 파괴하는 정부와 기업의 문제점을 알게 되면서 독일

말레이시아 요비인.
35세에 말레이시아 최연소로 장관 취임.

오스트리아 제바스티안 쿠르츠.
31세에 총리 임명. 세계 최연소 총리.

독일 안나 뤼어만.
19세에 국회의원 당선. 세계 최연소 의원.

대한민국 의원.
내가 세계 최고령 의원!

녹색당원이 되었지. 청소년당원으로 활동하며 헤센주 녹색당의 청소년 대변인을 했고, 19살에 녹색당 비례대표가 되면서 의원이 된 거지.

16세 19살에게 비례대표를 허용한 독일 녹색당도 대단하네.

18세 정치의 다양성을 중요하게 생각하는 정당이니까. 그리고 독일은 과거의 정치적인 잘못을 반복하지 않으려고 하니까. 그래서 정치교육을 중요하게 여겨.

삼촌 오, 너도 보이텔스바흐 협약(Beutelsbacher Konsens)을 아는구나.

18세 내가 공부 좀 했다니까. 1976년에 정치교육의 지침으로 강제성 금지, 논쟁 법칙, 관심 상황, 이 세 가지를 핵심으로 잡았지.

16세 누나는 그런 걸 어디서 배우는 거야? 무슨 상황?

18세 강제성 금지, 지식이나 이념을 주입하는 교육은 금지한다. 논쟁 법칙, 논쟁적인 주제는 수업에서도 논쟁되어야 한다. 그리고 관심 상황, 자신이 처한 정치 상황과 이해관계를 분석할 수 있는 안목을 기르는 것이 중요하고 참여를 통해 이런 역량을 기른다.

삼촌 짝짝짝, 훌륭합니다. 맞아, 이 합의를 기반으로 독일은 정치교육을 발전시키고 있어. 이 합의가 전부는 아니고 계속 경험을 쌓아 올리기 위한 토대인 거지.

18세 요즘은 한국에서도 민주시민교육을 하잖아. 그런데 어떤 기준을 잡고 있는지 모르겠어. 매일 교실이 정치화된다, 이런 얘기만 반복하지 기준을 안 잡잖아. 자꾸 우리를 가르치려고만 들고.

삼촌 일찍이 나치즘을 경험한 독일은 청소년 때부터 정치화되기를 권해. 그런 판단력을 길러야 나치즘의 부활을 막을 수 있으니까. 학교는 중립성을 유지하지만 그만큼 다양성을 존중해야 한다고 믿는 거지. 물론 독일도 옛날부터 그런 건 아냐. 1968년에 시작된 청년들의 싸움이 있은 뒤에 교육이 많이 바뀌었지.

18세 맞아. 우리는 자꾸 청소년들이 논쟁에 휘말리면 안 된다고 하는데, 지금이야말로 논쟁을 벌일 시기 아니야? 학생들이 정치적인 논쟁에 휘말리면 왜 안 된다는 거야? 미리 그런 논쟁을 경험해야 정치적인 판단을 현명하게 내릴 수 있지 않아. 그리고 선거연령이 낮아지지 않으면 미래세대의 '권리'가 현실정치에 반영되기 어렵잖아. 지금 자원을 다 써 버리면 미래세대는 무엇을 가지고 정치를 해야 하는 거야?

삼촌 백번 맞는 말씀입니다.

전 세계에서 활약하는 30대 정치인들

16세 그런 정치인들은 유럽에만 있나?

18세 무슨 말씀. 말레이시아의 요비인(Yeo Bee Yin) 장관도 30대야. 2018년에 35세의 나이로 에너지·과학기술·환경·기후변화부에 최연소 장관으로 취임했어. 2012년 정치에 입문해서 슬랑오르주 주의원을 거쳐 2018년 총선에서 하원의원으로 당선됐어.

16세 에너지, 과학기술, 환경, 기후변화를 묶은 부처라니, 어마어마하네.

18세 맞아. 말레이시아 새로운 정부의 가장 큰 부처라고도 해. 뉴질랜드의 저신다 아던(Jacinda Kate Laurell Ardern) 총리도 1980년생이야. 2017년 10월에 뉴질랜드 역사상 세 번째 여성 총리이자 최연소 총리가 되었지. 경제성장을 위한 예산 정책이 아니라 시민의 행복을 위한 정책을 세워서 또 한 번 화제가 되었어. 그리고 2017년에 오스트리아

총리가 되면서 세계 최연소 총리가 된 제바스티안 쿠르츠(Sebastian Kurz)는 당시 31세였어.

삼촌 2017년 프랑스 총선에서 최연소로 당선된 티파니 드구아(Typhanie Degois)는 당선 당시 24세였어. 마크롱 대통령과 함께 레퓌블리크 앙마루슈!(전진하는 공화국이라는 뜻의 프랑스 정당)를 창립했지. 2017년 프랑스 의회 의원의 평균연령은 47세, 이런 흐름이 반영된 거지. 대만의 탕펑(唐鳳) 디지털 정무위원(한국의 국무위원, 즉 장관격)은 남성에서 여성으로 성을 바꾼 트랜스젠더이자 시민 해커 출신으로 2016년에 35세의 나이로 정무위원이 되었어.

16세 와, 30대 정치인이 전 세계적으로 대세네, 대세. 삼촌, 그런데 한국은 왜 이런 거야?

삼촌 경력을 봐 봐. 대부분 10대부터 정치활동을 시작했고, 20대에 당선되어 정치인으로 활동했어. 그러니 30대가 되면 주요 직책을 맡는 거지. 한국은 그런 과정 자체가 없는 거고.

18세 그러니 우리도 열심히 정치에 뛰어들어야 해. 교실의 정치화가 아니라 정치교육의 일상화가 주요한 과제야.

청소년이 '미래시민'이라는 말은 고루하다. 이미 현실에서 다양한 활동을 펼치고 있는데, 단지 선거권/피선거권이 없다는 이유로 미래의 시민이 되어야 할까? 유럽연합 문화행정청(EACEA, Education, Audiovisual and Culture Executive Agency)은 청(소)년 참여를 다음과 같이 폭넓게 규정한다.

1. 대의민주주의에 참여: 선거에 입후보하거나 선거에 참여하거나 정당에 가입

2. 참여구조에 참여: 청소년 단체나 NGO 또는 자원봉사와 같은 구조에 더 많은 젊은이가 참여하도록 촉진

3. 토론 참여: 청소년 또는 지역사회 문제, 서면 언론 또는 청소년 라디오를 통한 의견 형성, 온라인 토론 참여, 블로그 작성 또는 구독

4. 정보를 찾고 민주주의를 배움: 정치과정의 시뮬레이션에 참여, 학교에서 훈련 또는 학습에 참여, 청소년 단체에 참여

이렇게 참여를 규정하면 한국에서도 청소년들의 여

러 활동이 참여의 범주로 들어온다. 따라서 청소년의 참여가 부족하기보다는 그 참여가 정치적인 변화나 실질적인 여론으로 전환될 기회가 부족하다는 걸 알 수 있다. 청소년이 정치에 관심이 없는 건 무관심해서가 아니라 자신들을 대변할 대표가 없고 자신들의 관심사가 반영되지 않기 때문이다. 그러니 자신들이 대접받지 못하는 오프라인보다 대접받을 수 있는 온라인을 선택하는 건 당연한 일이다. 이제 이런 경향을 바꿔야 한다.

문제는 기성정치가 지나치게 청(少)년을 대표하지 않는다는 점이다. 지금 전 세계에서 30세 이하의 의원은 전체 2퍼센트도 되지 않고, 한국의 경우는 0명이다 (2016년 국민의당 비례대표로 김수민 의원이 당선될 때가 30세였다). "당신이 투표하기에 충분한 나이라면 공직후보로 나서기에도 충분하다고 믿는다"라고 주장하는 유엔(UN)의 '출마하기에 어리지 않은(Not Too Young To Run)'이라는 전 세계 캠페인은 이런 경향을 반영한다. 이제 청소년에게는 대변인이 아니라 권력을 직접 행사할 권리가 필요하다.

5.
소중한
한 표를
행사하기 위해

16세 이번 선거의 쟁점을 알려면 어떻게 하는 게 좋아?

18세 일단 신문, 방송을 봐 봐. 보통 선거철이 되면 언론사들이 특집이나 기획으로 선거 관련 기사들을 내보내. 뭐가 쟁점이고, 어느 지역구엔 누가 나오고, 후보들의 특징은 무엇인지. 그러니 신문, 방송만 잘 봐도 여러 가지 정보를 알 수 있어. 대통령선거의 경우 TV 토론회도 여러 번 하고.

삼촌 누나 말이 맞아. 현명한 유권자가 되려면 공을 좀 들여야지. 지방선거나 국회의원선거, 교육감선거는 4년에 한 번, 대통령선거는 5년에 한 번이니 이 한 번의 기회를 잘 활용해야지.

16세 한 번의 선택이 4, 5년을 간다. 수능만큼은 아니지만 준비를 많이 해야겠네.

18세 어떤 준비를 하면 좋을까?

삼촌 그럼, 핵심체크를 해 볼까나.

삼촌 선거와 관련된 핵심정보는 선거공보물에 담겨 있어. 지역구에서 확인할 수 없는 비례대표 후보자의 순번과 사진,

이름, 경력도 공보물에 있어. 〈공직선거법〉 제65조에 따라서, 후보자는 자신과 자신의 배우사 및 직계 존·비속(직계 존속은 나를 기준으로 부모님, 아버지와 어머니 쪽 할아버지 할머니를, 직계 비속은 나를 기준으로 자식, 손주를 포함한다)의 각 재산 총액, 후보자와 후보자 직계 비속의 병역사항(계급, 복무기간, 복무분야 등), 최근 5년간 후보자와 후보자의 배우자, 직계 존·비속의 소득세·재산세·종합부동산세 납부 및 체납실적, 전과기록(죄명과 형량, 확정일자), 직업·학력·경력 등 인적사항을 공보물에 공개해야 해. 자, 이 공개사항을 하나씩 살펴볼까? 먼저 재산을 어떻게 보면 좋을까?

18세 제20대 국회의원의 평균 자산이 2018년을 기준으로 약 44억 원이래. 재산이 너무 많은 거 아냐? 돈이 많은 게 죄는 아니지만.

삼촌 그렇지, 돈이 많은 게 죄는 아니지만 그 돈을 언제, 어떻게 벌었고 어떻게 쓰고 있는지는 검증이 되어야 하겠지. 재산이 많다면 어떤 일을 해서 벌었고, 없다면 왜 적은지를 봐야지. 〈공직자윤리법〉 제6조에 따라 국회의원을 비롯한 고위공직자들은 매년 재산변동을 신고해야 해. 그런 걸 봐야지.

18세 재산이 너무 많으면 평범한 시민들의 세계를 모르는 거 아냐? 우리 삶을 모르는 사람들이 우리의 생각을 제대로 대변하기 어려우니 재산도 기준이 되겠구나. 그리고 그런 사람들이 정치를 하면 자기 재산을 늘리는 법률에 찬성하지 재산을 줄이는 법률에 찬성하지 않을 거잖아.

삼촌 맞아. 그러니까 재산을 잘 보고 그와 관련된 경력도 유심히 봐야지.

18세 다음은 병역사항, 이건 어떻게 봐야 할까. 남자들은 국방의 의무가 있고, 요즘은 여성도 군대를 가는데.

삼촌 한국에서 정치인을 검증할 때 가장 논란이 되는 게 병역사항이지. 남성 정치인들 중 병역을 면제받은 사람들이 꽤 많아. 제20대 국회의 남성 의원 249명 중 41명(16.5퍼센트)이 면제야. 병역을 면제받는 것 자체가 문제는 아니야. 나는 양심적 병역거부도 인정해야 한다는 입장이라 군대를 다녀오든 안 다녀오든 그것 자체는 중요한 기준이 아니라고 생각해. 다만 특별한 사유 없이 면제를 받았다면 의심을 해 봐야지.

18세 꼭 군대만이 아니라 의무는 다하지 않으면서 자기 권리만 챙기는 건 문제라고 생각해. 마찬가지로 세금을 안 냈으면 무조건 문제겠지. 재산은 많은데 세금은 적게 냈으면 의심해 봐야 하는 거 아냐?

삼촌 그렇지. 세금을 제대로 내지 않으면서 정치인이 되겠다는 사람들이 생각보다 많아. 재산은 많은데 세금 체납액도 많다든지. 이런 사람들은 분명 당선이 되면 자기 주머니를 챙기겠지.

16세 전과기록이 있는 것도 문제겠지?

삼촌 2018년에 홍문표 국회의원이 중앙선거관리위원회로부터 제출받은 당선자 전과기록 현황에 따르면, 제20대 국회의원 중 92명(30퍼센트), 광역시도지사 중 4명(24퍼센트), 시장·군수·구청장 중 81명(35.8퍼센트), 광역의원 중 312명(37.9퍼센트), 기초의원 중 1007명(34.4퍼센트), 교육감 중 9명(52.9퍼센트)이 전과기록을 가지고 있어.

16세 헐. 뭣이여, 범죄자들의 나라여?

18세 예전에 민주화운동을 했던 정치인들은 〈국가보안법〉이나 〈집회 및 시위에 관한 법률〉을 위반했다는 이유로 감옥에 갔다 오기도 했어. 그러니 전과가 있냐 없냐만 볼 게 아니라 어떤 전과인지를 확인해 봐야겠지.

삼촌 그렇지. 민주화를 위해 싸우다 생긴 전과는 받아들일 수 있지만 음주운전이나 사기, 폭행처럼 수용하기 어려운 전과 기록이 생각보다 많아. 그러니 전과기록을 잘 확인해야지.

18세 마지막은 직업과 경력이네. 이건 어떻게 봐야 해?

삼촌 어떤 직업이 정치에 적합하다 이렇게 볼 수는 없고, 직업은 당선자의 이후 활동을 평가할 때 필요하지. 공약으로 내건 정책과 직업의 연관성이 높으면 좋겠지. 예를 들어, 노동이나 장애인 관련 활동을 오랫동안 해 온 사람이라면 필요한 정책을 잘 설계하고 진행 상황을 잘 확인할 수 있겠지.

18세 삼촌 말대로라면 공보물을 정말 꼼꼼히 읽어야겠네.

16세 누나는 이제 투표권이 있으니 밑줄을 치면서 읽어. 잘 모르겠으면 인터넷 검색도 해 보고. 현직에 있는 정치인이면 뉴스나 이런 거에 뜰 거잖아. 인터넷 쇼핑할 때 상품평이나 사용 후기 찾아보듯이 정치인도 찾아봐야겠네. 그리고 지난 선거 때 무슨 공약을 했는지, 실제로 그 공약을 지켰는지도 살펴보고.

삼촌 오, 간만에 똑똑한 발언을.

16세 내가 원래 정치 꿈나무라고.

18세 공보물만으로는 판단이 어려우면 어떡해? 다들 비슷비슷한 경력에, 공약도 그냥 봐서는 판단이 잘 안 된다면?

삼촌 맞아. 아무리 좋은 공약을 내걸더라도 실현될 가능성이 없으면 그건 말짱 도루묵이지. 그러니 공약의 숫자나 하겠다는 사업의 규모보다 실현 가능성을 꼼꼼하게 따져 봐야 해. 옛날에는 당선되면 이것저것 다 해 준다고 뻥을 칠 수 있었는데 요즘은 매니페스토라고 해서 그 공약을 지킬 과정도 같이 밝히도록 해. 〈공직선거법〉은 선거공약과 함께 각 사업의 목표, 우선순위, 이행절차, 이행기한, 재원 조달 방안을 공약집에 게재하도록 하고 있으니 뻥을 치지 않는지 잘 살펴봐야지.

18세 매니페스토, 아까 시민운동 얘기하면서 나온 그거구나. 그런데 이상한 공약을 했는데 그것도 꼭 지켜야 해?

삼촌 그렇지 않지. 공약은 후보일 때 하는 거고 당선이 되면 정치인으로서 공약의 현실성과 정당성을 다시 검토받아야지. 그런 과정에서 나는 정당의 몫이 중요하다고 본다. 정당이 정책을 검증해 줘야지. 선거공약이라는 이유로 마구

밀어붙이는 건 나쁜 일이야.

18세 그 공약이 시민들의 필요와 욕구를 얼마나 반영했는지도 봐야 하지 않아?

삼촌 그렇지, 역시 선거권을 받으니 똑똑한 시민이 되네. 시민들은 당장 필요한 게 복지와 교육인데, 후보자들은 건설이나 재건축 등 엉뚱한 공약을 내는 경우가 많아. 실제로 한국에서는 대부분의 공약이 아파트 재개발을 하고 커다란 편의시설을 세우고 다리를 놓고 도로를 까는 하드웨어 쪽에 집중되어 있어. 그래서 일단 뭘 많이 세운다고 하는 사람이 있다면 꼼꼼하게 따져 봐야 해. 왜 그런 사업을 하려고 하는지. 심지어 간혹 어떤 후보자들은 자기나 가족들이 운영하는 기업에 이득을 가져다줄 공약들을 자기 지역을 위한 것인 양 선전하기도 해.

16세 대박, 그런 건 불법 아냐?

삼촌 당연히 불법이지. 큰 권력일수록 그에 맞는 책임을 져야 하는데, 한국의 정치인들은 일단 당선되면 자기 마음대로 하거든. 그러니 공약을 스스로 구상하지 않고 선거대행업체에 맡겨서 만들기도 해. 따라서 그 사업이 실제로 필요한지, 재정을 어떻게 조달할지 따져 봐야 하는 거지. 복지

관이나 주민센터 등 주민들을 위한 시설을 만들겠다고 하
는 경우에도 그 시설이 어떤 규모로 어디에 세워지는지를
잘 봐야 해. 주민들이 잘 가지도 않는 곳에 어마어마한 돈
을 들여 편의시설을 세우는 경우도 많거든.

이사를 할 때 다리품을 파는 만큼 좋은 집을 구할 수 있듯이, 후보자의 정책을 평가할 때도 품을 들이는 것만큼 좋은 사람을 대표로 뽑을 수 있어. 보통 지역구 후보자들은 선거사무소를 설치하니 그 사무실에 한번 방문해서 후보자의 얘기를 직접 들어 봐도 좋아. 우리는 유권자니까 그럴 권리가 있지.

18세 후보자들의 선거유세를 들어 봐도 좋겠네.

삼촌 그렇지. 그리고 〈공직선거법〉에 따라 각 후보자는 선거운동기간 동안 거리유세나 전화, 문자, 이메일 등을 통해 자신의 정책을 알릴 수 있어. 대통령후보자는 텔레비전과 라디오 방송을 통해, 국회의원이나 자치단체장, 지방의원들은 지역의 유선방송을 통해 자신의 정책을 홍보해. 또한 지정된 공개장소에서 연설하고 대담을 나눌 수 있어. 그러니 그런 정보들을 살피며 싹수가 보이는 인물인지 그 목소리에 귀를 잘 기울여 봐야지.

18세 선거철이 되면 시민단체가 후보들 간 정책토론회를 개최하지 않아? 시간이 되면 한번 참석해서 무슨 얘기를 하는지 좀 들어 볼 생각인데.

삼촌 그것도 훌륭한 생각일세.

사전투표와 거소투표

18세 그런데 투표일에 동네에 없으면 어떡해? 군인이나 대학생, 원양어선을 타는 사람, 외국으로 유학 간 사람 등등.

삼촌 그런 사람들을 위해 '사전투표', '거소투표', '선상투표'라는 게 있어. 2012년에 〈공직선거법〉이 개정되어 2013년부터 선거권을 가진 사람은 주소와 상관없이 사전투표를 할 수 있게 됐어. 〈공직선거법〉 제148조에 따라 구·시·군의 선거관리위원회는 사전투표기간(선거일 전 5일부터 2일까지) 동안 읍면동마다 한 개씩 투표소를 설치 운영해야 해. 바쁜 사람들은 이렇게 미리 투표를 하기도 해.

18세 거소투표는?

삼촌 옛날에는 '부재자투표'라고 했는데, 지정된 곳으로 투표용지를 우편으로 받고 회송용 봉투에 넣은 뒤 등기우편으로 발송하는 거야. 미리 신청하면 집이나 사무실로 투표용지를 받을 수 있어. 〈공직선거법〉 제38조에 따라 영내 또는 함정에 장기기거하는 군인이나 경찰공무원, 병원·요양소·수용소 등에서 장기간 머무는 사람, 사전투표소나 부재자투표소를 설치하기 어려운 지역에 사는 사람, 중증장애인 등만 거소투표 신고를 할 수 있어. 까다롭게 제한을 하는 건 개인이 투표해서 보내는 거라 부정의 여지가 있거든. 실제로 주변 사람들이 대신 투표를 한 사례도 있고.

16세 그럼 선상투표는 배에 타고 있어서 관할 투표소에 갈 수 없는 선원이 선박에서 투표하는 거야?

삼촌 그렇지. 이때 선박의 선장이 중요한 역할을 해. 선장은 선상투표자의 투표용지를 팩스로 전송받아서 입회인과 함께 서명한 뒤 선상투표자에게 전달해. 투표자는 기표한 뒤 이 투표용지를 팩스로 관할 선거관리위원회로 전송하지. 이 외에도 외국에 나간 사람들의 경우 기한 내에 재외선거인 등록신청을 받아서 재외선거인명부에 기록된 사람들은 외국 공관에 설치된 투표소에서 미리 투표를 할 수 있어. 그리고 재외선거인명부에 기록되지 않은 사람이라도 사전투표기간 개시일 전에 출국해서 선거일 후에 귀국하는 사람, 외국에 머물거나 거주하여 선거일까지 귀국하지 아니할 사람은 재외투표를 할 수 있어.

18세 이런 사람들은 선거에 관한 정보를 어떻게 받아?

삼촌 사전투표를 할 사람들은 자기 거주지 또는 생활지로 선거공보물이 오도록 미리 신청할 수 있어. 신청서를 작성해서 관할 선거관리위원회로 보내거나 중앙선거관리위원회 홈페이지를 통해 신청할 수 있어. 그리고 선거관리위원회 홈페이지를 통해 후보나 공보물을 확인할 수 있지.

18세 이렇게 사정에 따라 미리 투표할 수 있으면 투표율이 올라가겠네.

삼촌 그렇지. 이건 투표율을 올리기 위한 방법들인데, 2018년 지방선거의 경우 사전투표율이 20.1퍼센트나 되어서 1995년 이후 최고 투표율을 기록했어. 2016년 총선의 경우에도 사전투표율이 12.2퍼센트로 그 이전 총선 때보다 투표율이 3.8퍼센트 올라갔어.

16세 한 표를 행사하는 방식도 유권자들의 생활에 맞게끔 계속 바뀌는구나. 그게 민주주의겠지.

투표하는 날 신경 쓸 것들

18세 투표하는 당일에는 뭘 챙겨야 해?

삼촌 가장 중요한 건 신분증이고, 가장 먼저 확인해야 할 것은 투표소의 위치야. 투표 당일엔 정해진 곳에서만 투표할 수 있거든. 이 간단한 걸 자꾸 까먹는 사람들이 있어. 선거공보물이나 중앙선거관리위원회 홈페이지에서 투표소의 위치를 확인할 수 있어. 그리고 오전 6시부터 오후 6시까지 하니 가급적 사람들이 많이 몰리는 시간대를 피하는 게 좋지. 물론 시간 안에 투표장 안에만 들어가면 투표할 수 있어.

18세 신분증은 아무거나 다 되나?

16세 학생증도 되지?

삼촌 공립, 사립학교 상관없이 학생증도 돼. 국가기관이 발행한 증명서, 특히 사진이 있는 신분증명서여야 해. 주민등록증, 운전면허증, 여권, 장애인복지카드 등.

18세 주민등록증은 쓸 곳이 없어 책상에 넣어 놨는데 미리 챙겨 봐야겠네. 또 뭘 신경 써야 하나?

삼촌 총선의 경우 투표용지가 두 장이고 지방선거의 경우 투표용지가 많아. 그러니 잘 챙겨야지. 그리고 절대로 투표용지를 훼손하면 안 돼. 그러면 무효표가 되니까. 기표하고 난 뒤에도 투표용지가 훼손되지 않도록 잘 접어야 해. 또 기표소엔 혼자 들어가야 해.

16세 혼자 못 움직이는 장애인은?

삼촌 그럴 경우는 가족이나 동반인 한 명을 지명해서 투표를 돕도록 할 수 있지. 초등학생 이하의 어린이도 투표소에 데리고 갈 수 있고. 이런 것까지 〈공직선거법〉에 다 담겨 있어.

18세 생각보다 법이 엄청 까다롭게 규정하고 있구나.

삼촌 그래서 〈공직선거법〉이 너무 두껍다는 얘기도 있어. 네가 그럴 일은 없지만 투표소 근처 100미터 안에서는 특정 정당이나 후보자를 지지하거나 반대하는 주장도 할 수 없어. 특정한 표식을 부착하는 것도 금지돼. 그럼 쫓겨나.

18세 그럼 투표 못 해?

삼촌 아니, 맨 마지막에 투표하도록 되어 있어. 물론 투표관리관이 허락하면 그 전에 할 수도 있고.

16세 내가 누구에게 투표했는지를 촬영하는 것도 금지라며?

삼촌 맞아. 사람들이 SNS에 올리려고 투표용지를 촬영하기도 하는데, 〈공직선거법〉 제166조의2 1항은 "누구든지 기표소 안에서 투표지를 촬영하여서는 아니 된다"라고 규정하고 있어.

16세 촬영하면 투표가 무효야?

삼촌 지금은 무효처리되고 있어. 그리고 2년 이하의 징역 또는 400만 원 이하의 벌금형을 받을 수 있어.

18세 오매, 무서워. 투표장에 가면 가슴이 두근두근하겠어.

삼촌 이번엔 개표방송 같이 보자.

미국에 이런 말이 있다. "투표권이냐 총알이냐(the ballot or the bullet)." 흑인해방운동을 하던 맬컴 엑스는 '투표권이냐 총알이냐'가 '자유냐 죽음이냐'와 같은 말이라고 주장했다. 흑인들의 시민권을 보장해 주겠다는 백인 정부의 결정을 마냥 기다리지 말고 적극적으로 요구하라고. 투표권을 보장하지 않으면 총을 들라는 건 아니고 흑인들의 교회, 흑인들의 조직에 가입해서 싸우라고. "만약 그러한 대가를 치를 준비가 되어 있지 않다면, 당신의 단어장에서 자유라는 단어는 빼 버리시오"라고 맬컴 엑스는 대중에게 연설했다.

투표로 해결할 거냐, 총으로 해결할 거냐. 무시무시한 말이지만 그만큼 투표가 중요하다는 말이기도 하다. 때로는 이 한 표에 개인의 안전과 사회의 공공성이 좌우되기도 한다. 그런 만큼 우리의 한 표, 한 표를 신중하게 사용해야 한다.

이렇게 중요한 투표이지만 한국의 투표율은 계속 떨어지다가 최근 몇 년 동안 조금 오르고 있다. 대통령 선거 투표율은 2007년(제17대 대선, 한나라당 후보 이명

박 당선)이 63퍼센트로 가장 낮았고, 국회의원선거 투표율은 2008년(제18대 총선, 한나라당 153석, 통합민주당 81석 차지)이 46.1퍼센트로 가장 낮았고, 지방선거 투표율은 2002년(제3회 전국동시지방선거, 이명박 서울시장 외 15명의 광역단체장, 232명의 기초단체장, 682명의 광역의원, 3485명의 기초의원이 선출)이 48.9퍼센트로 가장 낮았

다.(선거투표율-https://www.index.go.kr/unify/idx-info.
do?idxCd=4268&clasCd=7)

　한국처럼 투표하는 날이 공휴일로 지정된 나라는 많지 않고, 필리핀과 이스라엘 정도가 공휴일로 지정하고 있다. 대신에 많은 나라가 투표율을 높이기 위해 투표일을 일요일로 정하고 있다. 호주의 경우는 토요일에 투표를 진행하고 정당한 사유 없이 투표하지 않으면 벌금을 매기는 '의무투표제'를 채택하고 있다. 의무투표제를 채택하는 나라는 전 세계에서 30개국이 넘는데, 투표하지 않을 경우 벌금을 내는 경우도 있고 여권 발급 등을 제한하거나 공공기관 채용에 불이익을 받는 경우도 있다. 투표율이 낮아지는 것은 한국만의 특별한 현상이 아니다.

　만약 선거에 참여하지 않으면 정치적으로 무관심한 사람일까? 오히려 한국에는 정치에 관심이 아주 많기 때문에 무관심해지는 사람들도 있다. 후보자들 중에서 가려서 뽑을 사람이 없는 건 유권자의 문제가 아니다. 그리고 당시의 정치적인 쟁점과 대안, 선거에 나온 후보자들의 이미지도 영향을 미치고, 법정 공휴일이지만 출근해서 일해야 하는 사람도 있다. 선거에 나온 핵심 정책이나 후보가 어느 것 하나 매력적이지 않다면 사람들은 투표장으로 향하지 않는다. 심지어 투표하는 날의 날씨(눈이나 비가 오면 이동이 어려워진다)와 기온, 그날 일어난 사건, 그날 만난 사람과의 관계도 투표에 영향을 미친다.

한 표를 행사하는 것은 나의 정치적인 의사를 표현하는 방법이자 나라의 방향을 결정하는 데 참여하는 하나의 방법이다. 중앙선거관리위원회가 운영하는 선거정보센터(http://elecinfo.nec.go.kr/)에 가면 그동안 선거에 나온 각종 문헌자료만이 아니라 동영상자료, 사진자료, 선거공약, 홍보인쇄물자료 등을 볼 수 있다.

정치는 선거로 끝나지 않는다

선거철이 되면 중앙선거관리위원회는 이런 현수막을 곳곳에 건다. "민주주의의 꽃은 선거입니다." 그리고 연예인들을 동원해서 투표참여 캠페인을 벌이기도 한다. 정말 선거를 통해 민주주의가 결실을 맺을까? 이 질문에 대한 답은 긍정일 수도 있고 부정일 수도 있다.

긍정적인 답은 일정한 주기로 시행되는 선거를 통해 정치 권력이 교체된다는 점이다. 시민들이 자유롭고 공정한 선거를 통해 중요한 결정을 내릴 정치인들을 선출하는 것은 권력을 민주화시키는 과정이다. 선거는 정치인들에게 책임을 부여하거나 책임을 묻는 중요한 과정이다.

부정적인 답은 선거가 특정한 조건에서만 민주적일 수 있다는 점이다. 즉 힘이나 돈 있는 사람들만 선거에 나갈 수 있 거나 '북풍사건'처럼 공포를 자극해 선거 결과에 영향을 미치 려는 세력이 있으면 선거는 민주주의에서 멀어진다.

　고대 그리스의 사상가 아리스토텔레스는 민주주의의 본질 이 추첨으로 공직자를 선출하는 것이고 선거로 공직자를 뽑 는 것은 귀족정치라고 말했다. 추첨은 통치를 하는 사람과 통 치를 받는 사람이 우연에 따라 교체됨으로써 파벌 형성도 막 고 모든 시민에게 통치자의 자리를 허용하기에 민주주의의 속성이 강하다. 반면에 선거에서는 특정한 사람들이 돌아가 면서 권력을 장악할 수 있기에 귀족정치의 속성이 강하다는 이야기다.

　아리스토텔레스는 선출제도의 속성을 잘 지적했다. 그렇지 만 지금 당장 선출제도를 추첨으로 완전히 바꾸기는 어렵고 그 역시 시민들의 토론과 합의를 거쳐야 한다. 그리고 지금 시대에는 민주주의의 본질을 가리는 것보다 민주적인 속성을 더 강하게 만들 방법을 고민하는 것이 중요하다. 어떻게 하면 선출제도의 민주적인 속성을 강화시킬 수 있을까?

　선거(選擧)는 가려서 올린다는 뜻이다. 바꿔 말하면 시민이 선거를 통해 실제로 대표를 가릴 수 있어야 한다. 그리고 누구라도 정치에 참여할 수 있어야 한다. 선거권만큼 피선거권이 중요한 것도 그 때문이다. 선거연령을 낮추는 것은 피선거권의 연령을 낮추는 것과 함께 진행되어야 효과를 거둘 수 있다. 정치의 나이가 젊어져야 하고 다양한 정치세력이 권력을 나눠 가져야 한다. 닭이 먼저냐 달걀이 먼저냐 하는 논쟁 같지만 둘은 분리될 수 없다.

민주주의는 하나의 모범정답, 하나의 사례일 수 없다. 무수히 많은 민주주의'들'이 있다. 당연히 선거제도들도 여러 가지이다. 어느 하나가 잘 안 되면 다른 방법을 찾아봐야 하고, 이번에 개정된 준연동형 비례대표제도도 모범정답이 아니라 여러 방식들 중 하나이다. 새로운 투표방법이나 선거제도가 계속 토론되고 바뀔 때 선거는 민주주의의 꽃이 될 수 있다.

또 하나 중요한 점은 정치가 투표일로 끝나지 않는다는 점이다. 즉 선거도 중요하지만 '선거 이후'도 중요하다. 정책을 보자는 것은 후보자나 선거캠프가 얼마나 똑똑한지를 확인하려는 것이 아니다. 선거 이후에 그 정책이 어떤 방식으로 얼마나 실행되는지도 잘 살펴야 한다. 지금은 여당, 야당 할 것 없이 선거를 말들의 잔치로 만들 뿐 선거 이후를 책임지지 않는다. 투표일까지만 얘기하면 루소의 말처럼 우리는 자유로운 시민으로 살 수 없다.

정당과 후보, 정책에 관한 다양한 이야기들이 오가야 하고 시민들끼리 토론해야 한다. 후보의 똑똑함과 능력도 중요하지만 시민들의 의견을 듣는 귀와 시민들과 함께하려는 의지도 중요하다. 그런 귀와 의지가 정치의 능력이 되려면 시민들이 정치인을 잘 감시해야 한다. 그래야 내 한 표의 의미가 제대로 실현된다.

이제 새로운 정치가 필요하고, 낡은 정치인이 새로운 정치를 대변할 수 없다. 내가 행사하는 선거권은 정치인과 정치를 바꿀 발판을 만들 수 있다. 내가 원하는 인물이 없으면 요구하고, 정치 관련 제도를 개혁하겠다는 정치인을 지지하자. 정치는 선거로 끝나지 않는다.

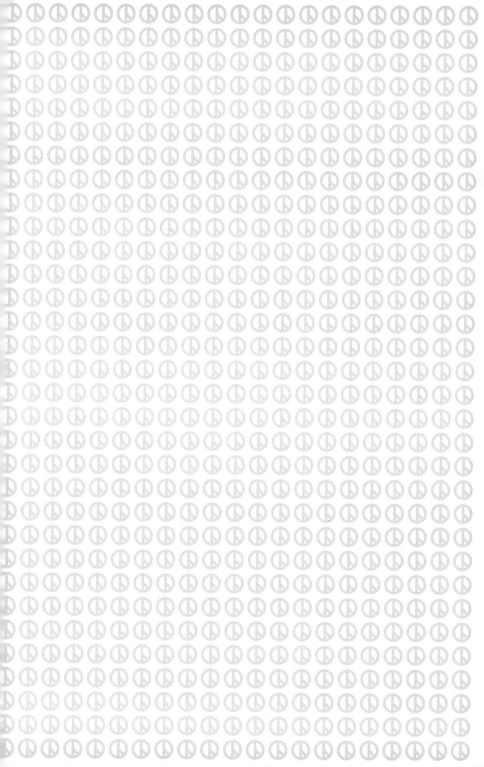